LA FRANCE
DRAMATIQUE
AU
DIX - NEUVIÈME SIÈCLE.

Palais-Royal.

ARGENTINE,

COMÉDIE EN DEUX ACTES, MÊLÉE DE COUPLETS, DÉDIÉE, PAR LES AUTEURS,

à mademoiselle DÉJAZET.

532.—533.

PARIS.

J.-N. BARBA,
AU PALAIS-ROYAL,
Derrière le Théâtre-Français.

DELLOYE,
RUE DES-FILLES-S.-THOMAS,
Près de la Bourse.

BEZOU,
BOULEVARD-S.-MARTIN.
Et rue Meslay, n. 54.

ET AU MAGASIN GÉNÉRAL DES PIÈCES DE THÉATRE ANCIENNES ET NOUVELLES,
de Ch. TRESSE, successeur de J.-N. BARBA,
galerie de Chartres, n° 2 *et* 3, *derrière le Théâtre-Français, à côté de Chevet.*

1839.

ARGENTINE,

COMÉDIE EN DEUX ACTES, MÊLÉE DE COUPLETS,

DE MM. GABRIEL, DUPEUTY ET MICHEL DELAPORTE;

Représentée pour la première fois, à Paris, sur le théâtre du Palais-Royal, le 23 septembre 1839.

DÉDIÉE, PAR LES AUTEURS,

A Mlle DÉJAZET.

DISTRIBUTION DE LA PIÈCE.

LE COMTE DE COURVOLLES...................... MM.	SAINVILLE.
CHARLES BERTINATZI...........................	LEVASSOR.
FLORA, fleuriste de la cour....................... Mmes	DÉJAZET.
LA COMTESSE DE COURVOLLES....................	MOUTIN.
ROSE, première demoiselle de magasin..............	FANNY.
JENNY,	JOSÉPHINE.

JENNY,
NINA,
ALEXANDRINE,
FANNY, } fleuristes.
MARGUERITE,
JACYNTHE,

UNE DÉPUTATION DE COMÉDIENS DU THÉATRE-ITALIEN (grande tenue).

DOMESTIQUES.

La scène est à Paris vers 1750.

ACTE PREMIER.

Un joli magasin de fleuriste. A droite et à gauche, comptoirs avec jardinières. Psyché sur le devant. Fauteuils, bergère, etc., etc. Tout le fond du magasin est vitré, et donne sur la rue. Porte au fond, portes latérales.

SCÈNE I.

LE COMTE, LA COMTESSE, ROSE, FLEURISTES.

(Au lever du rideau, la comtesse est assise à gauche, près d'une table où travaillent quelques fleuristes. — Rose, qui va et vient de la table de droite à celle de gauche, lui présente des parures de fleurs ; — le comte, en costume de mousquetaire, grande tenue, les regarde, et fait le galant auprès de sa femme.)

CHOEUR.

AIR : Réveillons (*Domino noir*).

Choisissez, choisissez, madame la comtesse,
Nous avons mille fleurs du goût le plus parfait.
Que la mode, pour vous, galante, enchanteresse,
A vos nobles appas prête un nouvel attrait !

ROSE.

Des scabieuses ?

LA COMTESSE.

C'est trop triste...

ROSE.

Des jonquilles... ça se porte beaucoup.

LA COMTESSE.

Me prenez-vous pour une marchande de la rue Saint-Denis ?

LE COMTE, lui présentant une rose.

Une rose, chère amour, une rose... une sœur !

LA COMTESSE, sans lui répondre et se regardant dans la psyché.

C'est étonnant, aucune de ces fleurs ne va à ma figure.

ROSE, à part.

C'est plutôt sa figure qui ne va pas aux fleurs.

LA COMTESSE.

AIR : Vaudeville de l'Apothicaire.
J'ai beau les changer de côté,

Plus je me vois, dans cette glace,
Plus je remarque, en vérité,
Que tout cela manque de grace...
(Elle jette les fleurs sur la table avec dédain et se lève.)
Oui, toutes ces fleurs, sur ma foi,
Font la grimace...

LE COMTE, à part.

Dieu me garde !
Ces pauvres fleurs, c'est comme moi,
Lorsque ma femme mé regarde ! *(bis.)*

LA COMTESSE.

Que dites-vous, monsieur le comte ?

LE COMTE.

Je dis que je ne suis jamais si heureux que quand je vous regarde.

LA COMTESSE, à Rose.

Si votre maîtresse était ici, peut-être aurait-elle quelque chose à m'offrir de plus nouveau, de plus galant.

ROSE.

Mesdemoiselles, conduisez madame dans nos magasins... Ouvrez-lui tous nos cartons... nous aurons bien du malheur si nous ne parvenons pas à embellir madame. *(Elle fait une révérence.)*

LA COMTESSE.

Petites, je vous suis. Monsieur le comte, je vous attends.

LE COMTE.

Tout de suite, ma céleste... *(A part.)* Il faut que j'interroge la petite.

REPRISE DU CHŒUR.

Choisissez, choisissez, etc...
(Elle sort par la gauche, avec les fleuristes.)

SCÈNE II.
LE COMTE, ROSE.

LE COMTE.

Cette chère comtesse ! elle est insupportable avec sa coquetterie ! Je ne conçois vraiment pas que l'on soit si amoureux de soi-même.
(Il tire de sa poche un petit miroir et se mire.)

ROSE, à part.

C'est un vrai Narcisse, cet homme-là... il se mire toujours.

LE COMTE.

Dis donc, Rose, est-ce que tu ne me trouves pas un peu fatigué, un peu fané, ce matin ?

ROSE.

Je vous trouve toujours la même chose.

LE COMTE.

Flatteuse !... Le fait est qu'il n'y a pas beaucoup de cavaliers taillés sur mon patron : le moule est brisé, on n'en fait plus... *(Il se mire.)* Mais, c'est égal, les femmes n'ont pas de raison... elles me tuent.

ROSE.

Eh bien ! vrai, il n'y paraît pas.

LE COMTE.

A propos, je n'ai pas voulu te demander cela devant ma jalouse... où donc est ta maîtresse, la séduisante Flora ?

ROSE.

Elle est à Versailles.

LE COMTE.

Comment, pas encore revenue !... Versailles ! Versailles ! j'ai toujours peur quand elle y va.

ROSE.

Bah ! les voitures sont si douces !

LE COMTE.

Elle peut verser... A l'avenir, j'y regarderai à deux fois avant de lui procurer encore des commandes pour le château.

ROSE.

Comment, monsieur le comte, vous vous repentez de ce que vous avez fait pour Mlle Flora !... Oubliez-vous que vous avez promis de la faire nommer fleuriste de la cour ? Nous sommes déjà toutes fières d'être de son magasin !... Songez-y, un gentilhomme n'a que sa parole... et vous tiendrez la vôtre ?

LE COMTE.

Sans doute ; mais quand je songe à tous ces grands seigneurs...

ROSE.

Il n'y a pas de danger... Mlle Flora est une bonne fille, vive, enjouée... elle rit de tout ; mais sa vertu n'est pas comme ses fleurs, elle n'est pas artificielle.

LE COMTE.

Eh ! eh ! la beauté a mille inconvéniens ! *(Il se mire.)* J'en sais quelque chose, moi.

ROSE.

Le fait est que vous avez un physique étonnant !

LE COMTE.

Tu trouves ?

ROSE.

Et puis, moi, d'abord, je suis folle des mousquetaires.

LE COMTE.

Tu n'es pas dégoûtée !

ROSE.

Et un jour que je vous ai vu à la tête de votre compagnie...

LE COMTE, se mirant.

Assez, assez...

ROSE.

Je me suis dit...

LE COMTE.

Voilà une belle compagnie, voilà de bien beaux hommes...

ROSE.

Sans compter le commandant.

LE COMTE, à part.

Pauvre petite ! je la devine... encore une... Oh ! je suis un gros monstre. *(Il se dandine en faisant le beau.)*

ROSE, à part.

Est-il drôle! comme il me regarde en roulant les yeux!

LE COMTE.

Écoute, ma petite Rose, ma Rosine, ma Rosinette... tu es bien gentille, mais vois-tu, il faut te défaire de ces idées-là...

ROSE.

Quelles idées donc?

LE COMTE.

C'est impossible... j'en ai trop...

ROSE, à part.

Dieu me pardonne, il croit que je l'aime.

LE COMTE.

Tout ce que je peux faire pour toi, c'est de te consoler, et de t'embrasser. (Il l'embrasse.) Allons maintenant rejoindre la comtesse.

(Il sort par la gauche.)

ROSE, l'accompagnant vers la coulisse.

Prenez garde, monsieur le comte, en passant par la petite porte; il y a des couvreurs en face et il pourrait vous arriver malheur.

LE COMTE.

Merci, mon enfant.

SCÈNE III.

ROSE seule.

Ce pauvre comte de Courvolles, comme il craint sa vieille femme! il n'a pas si peur des fleuristes. Mais Mlle Flora tarde bien à revenir... Qu'est-ce qu'elle peut faire si long-temps à Versailles?... (Voix en dehors : *La voilà! la voilà!*...—Toutes les fleuristes accourent et entourent Flora, qui est entrée avec elles par la porte du fond.)

SCÈNE IV.

JENNY, FLORA, ROSE, toutes les FLEURISTES, à droite et à gauche.

(Flora porte un carton, qu'elle dépose, en entrant, sur un comptoir.)

FLORA.

Bonjour Rose, bonjour Jacinthe, bonjour Jenny; enfin, je suis de retour!

ROSE.

Savez-vous que nous commencions à être inquiètes : jamais vous n'êtes restée aussi long-temps à Versailles.

FLORA.

C'est qu'aujourd'hui, voyez-vous, j'ai été au château... J'ai vu les grands appart'emens, la salle de spectacle, les duchesses, les princesses, les grands seigneurs, en habit de gala... Dieu! mesdemoiselles, que c'est riche! que c'est beau! On n'a pas assez d'yeux pour regarder, assez d'oreilles pour entendre... la tête vous tourne, le cœur vous tourbillonne.

Air de M. le comte d'Adhémar.

Palais noble et splendide,
C'est le temple de Gnide!
C'est de la belle Armide
Le merveilleux séjour!
Prends garde, jeune fille
Et naïve et gentille,
C'est la grande famille
Des galans de la cour...
Partout l'esprit pétille
Le diamant scintille;
Partout un œil noir brille
Et te parle d'amour!..

A chaque pas naît un nouveau désir.
Partout les arts et leurs métamorphoses...
Et la musique et le parfum des roses...
L'or et l'azur, et surtout le plaisir...
Ces beaux marquis, ces pages, ces seigneurs,
Riches acteurs d'une éternelle fête;
Toute la cour en brillante toilette :
C'est une fée avec ses enchanteurs.

Palais noble et splendide, etc.

ROSE.

Vous le voyez, mesdemoiselles, on vous prêche d'exemple.

JENNY.

C'est la morale en action.

FLORA.

Juste..... Les parquets de Versailles sont bien cirés, et quand on n'a pas l'habitude, un faux pas est sitôt fait! Aussi, votre maîtresse ne veut pas vous exposer aux dangers; elle veut les affronter la première... Un bon général doit se montrer sur la brèche au moment le plus difficile.

ROSE.

Le voyage a dû être bon?

FLORA.

Ah! oui, délicieux.

ROSE.

Des commandes nombreuses?

FLORA.

Oui, d'abord; et puis aussi autre chose... mais ça c'est un secret.

TOUTES.

Un secret! oh! dites-nous-le, dites-nous-le.

FLORA.

Fleuristes, je suis femme, je connais les tourmens de la curiosité, et je sais y compâtir... mais pour le moment... impossible.

JENNY.

Nous nous doutions bien qu'il y avait quelque mystère... Tenez, voulez-vous que je vous le dise, moi, je vous croyais enlevée par un grand seigneur!

FLORA.

Enlevée!... Voyez-vous, chères amies, on n'enlève que celles qui y mettent de la bonne volonté;

et si ça m'arrivait... on ne peut répondre de rien...
c'est que j'aurais dit : « Enlevez. » Allons, mesdemoiselles, à l'ouvrage ! (Elle se place à gauche, près
des fleuristes, qui se sont remises à leur comptoir; Rose
et Jenny sont à celui de droite.)

ROSE.

A propos ! le comte de Courvolles est venu ce
matin.

FLORA.

Et j'étais sortie ! Décidément, j'ai du bonheur
aujourd'hui.

ROSE.

Il est venu avec son petit miroir et sa grande
femme.

FLORA, riant.

Avec sa femme ! Il veut donc me faire infidélité ?

ROSE.

Il reviendra pour vous peindre son martyre.

FLORA.

Ah ça ! est-ce qu'il se figure, parce qu'il m'a
promis de me faire nommer fleuriste de la cour,
que je dois l'aimer en paiement ?

ROSE.

Ah ! c'est un homme dangereux.

FLORA.

Bah ! il est trop gros. Écoute, Rose, je n'ai pas
grand mérite à être sage... je n'aime personne: mais
si jamais je fais la folie d'aimer un homme, je veux
choisir... et je tâcherai d'avoir la main heureuse,
si ça se peut. (Grand bruit dans la rue.) Que veulent
dire ces cris? (Rose regarde au fond à une croisée.)

ROSE.

Ah ! mon Dieu ! ce sont ces maudits couvreurs !
Une grêle de tuiles qui vient de tomber en face...
un jeune homme est, je crois, blessé. (Les autres
fleuristes se lèvent et vont au fond.)

FLORA, qui est restée à sa place.

Un jeune homme ! il faut le secourir. (Quelques
fleuristes sortent.) Est-il joli garçon ?

ROSE.

Mais oui, pas mal.

FLORA, avec intérêt, et se levant.

Vite, vite, faites-le entrer.

<hr>

SCÈNE V.

LES MÊMES, CHARLES.

(Il entre, au milieu du groupe de jeunes fleuristes qui
lui montrent de l'intérêt.)

CHOEUR.

Air du Ramoneur.

Ah ! quel accident déplorable !
De grace, ne repoussez pas,
Monsieur, notre main secourable :
Laissez guider ici vos pas.

CHARLES, portant son mouchoir à sa tête.

Merci, merci, belles demoiselles.

FLORA.

Donnez-lui donc ma grande bergère.

(On la lui donne, il s'assied.)

CHARLES.

Ce n'est rien... un petit coup sur le chef... voilà
tout... Il n'y a rien aux jambes ?

FLORA, regardant ses jambes.

Mais non, à ce qu'il paraît. (A part.) Qu'est-ce
qu'il a donc avec ses jambes ? Il n'est pas mal, il
a des petits yeux de souris qui sont tout drôles...

CHARLES.

Que vous êtes bonnes ! Venir me chercher au
milieu de cette avalanche de gravois... Moi qui ai
traversé les Alpes, vous me rappelez pour le dé-
voûment les chiens du mont Saint-Bernard.

FLORA.

J'espère qu'il est joli le compliment !

CHARLES, assis dans la bergère.

Air : Vaudeville de l'Héritière.

Que de gens, belles ouvrières,
De mon malheur seraient jaloux;
Charmantes sœurs hospitalières,
Grace à lui, qu'il me semble doux
De trouver asile chez vous.
        (Les regardant, excepté Flora.)
De mon côté, blonde ou brunette,
Pour répondre à votre bonté,
Que ne puis-je, dans ma chambrette,
Vous offrir l'hospitalité !

FLORA, à part.

Tiens, mais pas trop bête !

ROSE, vivement.

Il y a une bosse au front.

FLORA.

Une bosse ! attendez, ne bougez pas. (Elle lui
appuie un écu de six livres sur le front.)

CHARLES.

Oh ! là, là ! oh ! là, là !

FLORA.

Est-ce que je vous ai fait mal ?

CHARLES.

Au contraire... de si jolies petites menottes...
Je voudrais être blessé de tous les côtés. (Il lui
baise les mains.)

FLORA.

Maintenant, de l'eau et du sel. (Rose va au fond.)

CHARLES.

Non, de l'eau et du sucre, beaucoup de sucre.

ROSE, revenant.

Est-ce que les couvreurs n'ont pas crié gare ?

CHARLES.

Si. Ils ont crié gare, quand j'avais tout reçu...
Tiens, il me semble que je ressens aussi quelque
chose de ce côté-ci.

FLORA.

Comment... Est-ce que vous allez avoir deux
bosses sur le front? Ça serait gentil.

CHARLES, *prenant le verre d'eau que lui a apporté Rose.*

Non, non, je n'en ai qu'une. (Il boit.)

FLORA.

Maintenant, nous allons vous mettre un bandeau.

CHARLES.

Du tout, pas de bandeau... je ne vous verrais plus... (Il regarde Flora en face.) Ah! mon Dieu!

FLORA.

Eh bien! qu'est-ce qu'il lui prend donc?... C'est la suite de son coup. (Les autres fleuristes se retirent sur le second plan et causent vivement entre elles.)

CHARLES.

Non, c'est un autre coup que j'ai reçu... mais pas à la tête.

FLORA.

Ah! ça, quand vous aurez fini de me regarder!

CHARLES, *à part.*

C'est elle... oh! oui, c'est elle, bien sûr. (Haut, à part.) Mademoiselle, je voudrais vous parler en particulier.

FLORA.

A moi?

CHARLES.

A vous-même.

FLORA.

Pour une emplette?

CHARLES.

Oui, pour une emplette. (A part.) Plus souvent.

TOUTES.

C'est singulier!

FLORA, *étonnée.*

Allons, mesdemoiselles, laissez-nous.

ENSEMBLE.

Air: de Lestocq.

FLORA, ROSE, FLEURISTES.

L'étonnante aventure!
Laissez-les
Laissons-nous   tous les deux.
C'est un fou, je le jure,
Ou c'est un amoureux.

CHARLES, *à part.*

L'étonnante aventure!
Laissez-nous tous les deux.
C'est elle, je le jure,
Et j'en suis amoureux.

(Les fleuristes sortent par la gauche.)

ooooooooooooooooooooooooooooooooooooooooooooooooooooooooo

SCÈNE VI.

FLORA, CHARLES.

CHARLES.

Mademoiselle, j'ai voulu avoir avec vous un entretien, pour savoir quelque chose.

FLORA.

Quoi donc?

CHARLES.

Pour savoir, oui ou non, si je suis devenu tout-à-fait bête.

FLORA, *le regardant en riant.*

Mais dam, je ne sais pas, moi.

CHARLES.

Je m'explique mal... car on dit partout que j'ai beaucoup d'esprit pour mon état.

FLORA.

Quel état avez-vous donc?

CHARLES.

Je suis danseur... ou plutôt maître de danse: Charles Bertinatzi, pour vous servir, maître de ballets en second des petits appartemens de la reine... Ma profession se lit sur mes jambes: voilà mon prospectus. (Il saute quelques pas.)

FLORA.

Il est très bien rédigé!... Quels jolis petits, petits, petits mollets! Ce n'est pas comme l'intendant des Menus. (Elle prend un plumeau et lui en montre le manche.) Figurez-vous ça dans des souliers à boucles.

CHARLES, *se posant.*

Dam! écoutez donc, tout le monde ne peut pas être moulé comme moi... Mais ne sortons pas de la question... Mademoiselle...

FLORA, *sur le même ton.*

Monsieur...

CHARLES.

Êtes-vous bien réellement une simple fleuriste?

FLORA.

Mais certainement.

CHARLES.

Bon!... Et vous n'avez pas une sœur, une cousine?... la moindre chose qui vous ressemble?

FLORA.

Mon Dieu! non. Je suis seule au monde... pas de parens, pas de famille.

CHARLES.

Alors, excusez... je me suis grossièrement trompé... et je sais maintenant ce que je voulais savoir, je suis définitivement bête.

FLORA, *à part.*

Il me plaît, ce petit maigret-là... il est original.

CHARLES.

Mettez que je n'ai rien dit, et donnez-moi, s'il vous plaît, une couronne et un bouquet de fleurs d'oranger, pour ma future.

FLORA.

Tiens! vous allez vous marier?

CHARLES, *avec tristesse.*

Légitimement.

FLORA, *allant à droite, et lui montrant un bouquet et une couronne.*

Voilà justement tout ce qu'il vous faut.

CHARLES.

Et cependant, je crois que j'ai tort de me marier, vu que je ne peux pas souffrir la femme chérie qu'on me destine.

FLORA.

Et elle?

CHARLES.

Ah! elle, c'est autre chose : elle me déteste.

FLORA.

Est-elle jolie?

CHARLES.

Dam! ça dépend des goûts... elle louche beaucoup. Il y a des gens qui aiment ça.

FLORA.

En bien, elle est gentille, votre future !

CHARLES.

Quelle différence avec l'autre !

FLORA.

Quelle autre?

CHARLES.

C'est un roman... un roman en huit volumes, ça serait beaucoup trop long à vous dire... C'est égal, je m'en vais toujours vous le conter.

FLORA.

Est-il drôle!

CHARLES.

Imaginez-vous qu'à Versailles, David...

FLORA.

Qui? M. David le régisseur des théâtres de la cour?

CHARLES.

Vous connaissez David?

FLORA.

Oui.

CHARLES, à part.

Elle connaît David... mes soupçons repoussent.

FLORA.

Continuez donc votre roman : vous n'en êtes encore qu'au premier chapitre.

CHARLES, à part.

C'est qu'on n'a jamais vu une ressemblance... C'est étourdissant... Enfin c'est égal. (Il reprend.) David a donc une jeune élève qu'il reçoit chez lui en secret, et qu'il forme pour le théâtre... (Mouvement de Flora.) Et moi, rien qu'à la voir passer tous les jours, voilà que j'en suis tombé amoureux, mais amoureux... à insérer à Charenton.

FLORA.

Eh bien ! mais il n'y a pas grand mal à ça.

CHARLES.

Oh! elle n'est pas louche, celle-là... elle vous a des yeux, des scélérats d'yeux... grands comme ça.
(Il montre une longueur exagérée.)

FLORA.

Ah! pas tout-à-fait.

CHARLES.

Ce matin, elle a eu une audition devant toute la cour. Comme maître de ballets, j'espérais y assister, la voir, lui parler, lui faire ma déclaration... c'est mon gueusard de mariage qui m'en a empêché.

FLORA.

L'occasion se retrouvera peut-être.

CHARLES.

En vous rencontrant, j'ai cru que ça y était.

FLORA.

Vrai?

CHARLES.

Vrai... Mêmes yeux, il n'y a pas à dire, mêmes petits pieds, même bouche, même nez, même tournure, même... tout, quoi... Mais je vois bien, maintenant... (Jetant un grand cri.) Ah ! qu'est-ce que je vois?

FLORA.

Mais il est enragé, ce garçon-là !

CHARLES.

Un camée tout pareil attachait sa robe... je le reconnais... Je l'ai entrevue, comme elle arrivait au théâtre, conduite par David... C'est vous !

FLORA.

Non.

CHARLES.

Si.

FLORA.

Non.

CHARLES.

Si... Oh! si... Dites que c'est vous.

FLORA.

Eh bien, oui, là, c'est moi. Mais que personne n'en sache rien.

CHARLES.

Je ne m'étais donc pas trompé!... J'avais reconnu mon inconnue!

FLORA.

Oui... je veux dire adieu au magasin et aux fleurs... je veux être actrice... Je ne pense qu'à ça tout le jour... et la nuit j'en rêve... il me semble que je suis sur le théâtre, que j'ai un joli costume, que je parle, que je chante, que je danse devant une assemblée brillante et parée, que les messieurs battent des mains, que les dames me jettent leurs bouquets... Ah! tenez, rien que d'y penser, mon cœur bat à briser les baleines de mon corset... Voyez plutôt. (Elle lui met la main sur son cœur. Charles se trompe, et tâte à droite.) Pas par là.

CHARLES.

Ah! c'est vrai! Oh! oh! que c'est drôle ! il saute comme les poissons rouges dans la pièce d'eau des Suisses.

FLORA.

Si j'allais ne pas réussir!

CHARLES.

Ne pas réussir!... par exemple! Tenez, rien qu'à vous voir... vous avez un air... un petit air...

FLORA, avec coquetterie.

Vous trouvez que j'ai un petit air?

CHARLES.

Oh! ne me regardez pas comme ça... ne me regardez pas comme ça, cela me produit une commotion!.. Brrr... vous êtes trop gentille.

FLORA.

Qu'est-ce que ça vous fait, puisque vous allez vous marier?

CHARLES.

C'est-à-dire que je ne me marie plus du tout.

FLORA.

Pourquoi ça?

CHARLES.

Pour tout, donc, et pour d'autres raisons encore... D'abord, cette tuile qui m'est tombée sur la tête, c'est un avertissement d'en haut... et puis la bosse...

FLORA.

Ah! vous êtes superstitieux?

CHARLES.

Non, non, non; je ne me marie pas... Allez donc la couronne, allez donc le bouquet de mariée. (Il les rejette dans un carton.)

FLORA.

Eh bien, il arrange joliment les emblêmes de l'innocence!

CHARLES.

Je ne me marie plus, ou je me marie avec vous.

FLORA.

Il est sans gêne!

CHARLES.

Comme ça se trouverait bien, tous deux au théâtre, toujours ensemble... car moi aussi, je veux débuter dans l'emploi d'arlequin, pour remplacer le vieux Thomassin.

FLORA.

Tiens!

CHARLES.

Nous ne nous quitterions ni jour ni...

FLORA.

Voulez-vous bien vous taire...

CHARLES.

Oui.

FLORA.

Si on nous écoutait... Je vous ai déjà dit que mon début est encore un secret, un mystère.

CHARLES.

Je n'en parlerai pas même devant mon perroquet.

FLORA.

C'est que j'ai une rivale, voyez-vous. Elle pourrait intriguer contre moi... si on allait lui accorder la préférence.

CHARLES.

La préférence!.. Impossible, elle est laide.

FLORA.

Vous la connaissez donc?

CHARLES.

Non, mais elle doit être laide... elle doit loucher, comme ma future... D'ailleurs, soyez tranquille; moi aussi j'ai du crédit... Je cours chez M. le premier gentilhomme, je cours chez David, je cours à la Comédie-Italienne... partout enfin... Je triompherai ou j'y perdrai plutôt mes jambes.

FLORA.

Partez, partez; je vous en prie.

CHARLES.

Je sais bien quelque chose qui me mettrait du vif argent dans les jarrets.

FLORA.

Qu'est-ce donc?

CHARLES.

Quelque chose de bien facile à vous... Un baiser un seul pauvre petit baiser.

FLORA.

Je vous le promets si vous m'apportez de bonnes nouvelles.

CHARLES, avec ivresse.

Elles seront excellentes, je vous en réponds.

ENSEMBLE.

Air : de l'Eau merveilleuse.

CHARLES.

Adieu, ma toute belle,

FLORA.

Allons, montrez du zèle,

CHARLES.

Je me mets en chemin.

FLORA.

Mon futur Arlequin!

ENSEMBLE.

CHARLES.

L'Amour prête son aile
Au futur Arlequin!

FLORA.

Apportez la nouvelle
De mon début prochain!

TOUS DEUX.

CHARLES.

Espoir heureux
Pour tous les deux!
O douce ivresse!
Aimable promesse!
Fiez-vous à moi,
Comptez sur ma foi!

FLORA.

Espoir heureux
Pour tous les deux!
O douce ivresse!
Aimable promesse!
En lui, je le voi,
Je puis avoir foi!

(Charles sort en courant, Flora rit de son zèle amoureux.)

SCÈNE VII.

FLORA, seule.

Ce bon jeune homme, c'est qu'il a l'air de m'aimer sérieusement, au moins!... Si j'allais l'aimer aussi, moi, ça serait drôle... Bah! ne pensons pas à cela. Une fois au théâtre, mon plan est bien arrêté : je ne serai sensible que dans mes rôles, de huit à dix heures... après ça, véritable tigresse, cœur de rocher.

SCÈNE VIII.

FLORA, LE COMTE.

LE COMTE, *entr'ouvrant la porte du fond.*
Peut-on entrer?

FLORA.
Tiens, c'est vous, monsieur le comte?

LE COMTE.
Oui, mignonnette, c'est moi... Il me tardait de te voir; quand je suis loin de toi, les minutes sont des heures.

FLORA.
C'est que votre montre avance, monseigneur.

LE COMTE.
Toujours de l'esprit, méchante; c'est comme moi, je ne peux pas m'en corriger... Te voilà donc revenue de Versailles... Sais-tu que tu y vas bien souvent, à Versailles?

FLORA, à part.
Ah! mon Dieu! est-ce qu'il aurait des soupçons.

LE COMTE.
Je comprends, séduisante fleuriste, que tu te dois à la toilette de ces dames.

FLORA, à part.
Il ignore tout.

LE COMTE.
Mais que veux-tu? l'amour est jaloux.

FLORA.
Et vous êtes l'Amour?

LE COMTE.
Je me le suis laissé dire toute ma vie... (Il se mire.) Certainement, je ne crains pas la comparaison avec aucun de ces jolis muguets de Versailles. A propos, ma céleste, je suis déjà venu ce matin.

FLORA.
Bah!

LE COMTE.
Avec ma femme, avec ma tendre moitié... Hein! est-ce roué, est-ce régence? (Il se mire.)

FLORA, avec un sérieux comique.
Vous êtes un grand scélérat.

LE COMTE.
Une femme qui a des yeux de lynx, et des nerfs de panthère... C'était danser sur un volcan... mais que veux-tu, je suis infernal!

FLORA.
Aussi toutes les femmes vous adorent!

LE COMTE.
Allons, ne sois pas jalouse... je n'aime que toi, poulette.

FLORA.
Oh! je vous aime bien aussi, moi.

LE COMTE.
Eh! allons donc... ne soyons pas timide.

FLORA.
Je vous aime comme un père.

LE COMTE.
Hein?

FLORA.
N'est-ce pas à vous que je dois ma position, la vogue de mon magasin? N'est-ce pas par votre crédit que je vais être nommée fleuriste de la cour, et cela sans arrière-pensée, sans la moindre petite idée, n'est-ce-pas?

LE COMTE.
Tu caches ton jeu.

FLORA.
Je ne cache rien du tout.

LE COMTE.
Je te dis que tu le caches... (Il se mire.) car plus je me regarde, et plus je trouve que je suis toujours un des plus beaux cavaliers de l'armée.

FLORA, à part.
Un des plus gros.

LE COMTE, il marche.
On dit même qu'avec cette tournure, cette noble démarche, je ressemble au roi.

FLORA, à part.
Comme c'est flatteur pour sa majesté!

LE COMTE.
Je te le répète, chère amie, je ne respire plus que pour toi.

FLORA.
Mais votre femme, monseigneur?

LE COMTE.

Air : de la Somnambule.

Eh quoi! toujours me parler de ma femme!
Ma chère enfant, chaque chose a son tour;
Pendant trente ans elle a connu ma flamme,
J'étais pour elle un soleil plein d'amour!
Assez long-temps je fus, dans ma carrière,
Pour mon épouse un astre sans pareil;
A toi mes feux et mon ardeur dernière...

FLORA, à part.
Je n'aime pas le coucher du soleil.

LE COMTE.
Sauvage enchanteresse... joueras-tu encore l'indifférence, quand je t'aurai montré cette preuve éblouissante de mon amour? (Il a tiré un écrin et l'a ouvert.)

FLORA.
Des diamans! (Elle prend et regarde les diamans avec une joie enfantine.) Comme c'est brillant! quels feux jettent ces belles pierreries... Dieu! comme on doit être jolie avec ça.

LE COMTE.
Eh bien! qu'as-tu donc?

FLORA.
Rien, rien, monseigneur. (Ses yeux restent attachés sur l'écrin.)

LE COMTE, d'une voix insinuante.
C'est un riche écrin, n'est-ce pas.... Je te le donne.

FLORA.
A moi?

LE COMTE.
Je te le donne... pour rien.

FLORA.

C'est trop cher... je n'en veux pas. (Elle referme
l'écrin.) Reprenez cet écrin.... Mais reprenez-le
donc, je vous en prie !

LE COMTE.

Comment, tu refuses ces bijoux achetés exprès
pour toi ?

FLORA.

Oui, j'ai eu un éblouissement, mais c'est passé.

LE COMTE.

Prends garde, fillette ; nous autres soldats de Cythère, nous n'abandonnons pas si facilement le
champ de bataille.

FLORA.

Je suis brave.

LE COMTE.

Pour te forcer à accepter ton bonheur, je puis te
faire autant de mal que je t'ai fait de bien. (Il tire
un papier de sa poche.) Je puis, par exemple, te
faire attendre long-temps... te faire attendre...
toujours... ce brevet de fleuriste de la cour que tu
désires tant ! et auquel il ne manque plus qu'une
signature !... (Il remet le brevet dans sa poche.)

FLORA.

Vous n'êtes pas méchant ?

LE COMTE,

Je ne suis pas méchant ! c'est-à-dire que je suis
atroce... capable des plus grandes noirceurs ; c'est-
à-dire que, pour te prouver ma passion, je suis
homme à te rendre la plus malheureuse des femmes...

FLORA, d'un ton calin.

Ah ! vous me menacez, mon joli papillon ! Bath,
vous n'êtes pas si terrible que vous le dites, vous
êtes bien gentil, bien aimable, et vous ne voudriez
pas faire de peine à votre petite Flora !

LE COMTE.

Par la sambleu ! tu es divine ; il faut que je
t'embrasse !... (Il l'embrasse, malgré sa résistance.)

FLORA.

Voulez-vous finir !

SCÈNE IX.

LES MÊMES, LA COMTESSE.

LA COMTESSE, qui entre sur le baiser.
On ne m'avait donc pas trompée !

LE COMTE, à part.
La comtesse !

FLORA, à part.
Sa femme !... Bon !

LE COMTE, bas, à Flora.

Ne crains rien pour nos amours, je vais la rouer
indignement.

(Flora, qui avait gardé jusqu'ici l'écrin dans ses mains,
et qui l'avait caché derrière elle à l'arrivée de la
comtesse, le pose dans un carton, sur le comptoir à
gauche.)

LA COMTESSE.

Vous ne m'attendiez pas, Oscar ?

ARGENTINE.

LE COMTE.

Clorinde, vous êtes une indiscrète ; il n'y a vraiment pas moyen de vous faire une surprise.

LA COMTESSE, d'un ton de pitié.

Taisez-vous ! il y a long-temps que vous ne me
surprenez plus du tout ! Que faisiez-vous ici ?

LE COMTE.

Pusqu'il faut vous le dire, j'étais venu chercher
ce carton, ces fleurs que vous aviez choisies, pour
les porter moi-même à vos pieds.

LA COMTESSE.

Vous étiez venu pour toute autre chose, infâme.
Fi ! c'est à vous jeter des acides au visage !

FLORA, à part.

Bien ! bien !

LA COMTESSE.

Où est la maîtresse de céans ? Qu'on me fasse
parler à la marchande.

FLORE, passant.

La marchande est devant vous, madame.

LA COMTESSE, la toisant.

Ah ! c'est cela !

FLORA, se moquant de la comtesse.

Oui, madame, c'est cela... Madame veut-elle
ajouter quelque chose à ses emplettes ? Nous avons
des fleurs d'automne, des fleurs ponceau... ça ira
très bien à madame... ça rajeunit.

LA COMTESSE, avec humeur.

C'est bon ! on ne vous demande pas cela ; ce
qu'on veut, c'est que vous mettiez fin à un scan-
dale humiliant pour mon noble blason.

LE COMTE.

Mais, comtesse...

LA COMTESSE.

Taisez-vous !... N'avez-vous pas de honte ! à
cinquante-deux ans !

LE COMTE, vivement.

Quarante-cinq !

LA COMTESSE, de même.

Cinquante-deux ! (Avec emphase.) Moi, comtesse
de Courvolles, proche parente de haute et puis-
sante dame de Pompadour ; moi, descendante de
la duchesse d'Étampes par le côté droit et d'Agnès
Sorel par le côté gauche, moi qui porte sur mes
armoiries trois griffons mouchetés et quatre lézards à longue queue....

FLORA, à part.

Qu'est-ce qu'elle a donc avec ses griffons et ses
lézards ?...

LA COMTESSE.

Vertu Dieu !

FLORA, à part.

Allons, bon ! voilà qu'elle jure à présent !

LA COMTESSE.

Me voir négligée, délaissée à peine après trente
ans de mariage... et cela, le jour de ma fête... et
cela pour une fillette, pour une fille de bas étage,
une simple fleuriste, un zéro féminin !

FLORA.

Un zéro ! dam, ça dépend de la place qu'on lui

donne : demandez à Mme de Pompadour, votre noble parente... telle qui aujourd'hui occupe une charge importante à la cour, ne serait encore qu'un zéro, si graces aux intrigues de ses bonnes amies, elle n'avait triplé sa valeur, en se plaçant après un grand chiffre... (A part.) Attrape!

LE COMTE, à part.

Bravo! nous avons tous deux de l'esprit comme des démons!

LA COMTESSE.

Je crois que ça se permet de raisonner?

FLORA.

Écoutez donc, madame la comtesse, je suis marchande, et quand on me donne une grosse pièce, je rends la monnaie.

LA COMTESSE.

Insolente!

LE COMTE, passant près de sa femme.

Clorinde, la jalousie vous fait dire des choses plus que ridicules..

LA COMTESSE, bas à son mari.

Voyez, monsieur le comte, vos équipées m'exposent à rougir devant une obscure ouvrière!.. Vous ne vous souvenez pas assez qu'il dépend de moi de détruire d'un seul mot votre crédit et votre fortune, et de vous réduire au mince équipage d'un cadet de famille... prenez garde!

LE COMTE, à part.

Diable! diable!.. (Haut.) Mais, chère comtesse... chère comtesse, n'êtes-vous pas un peu responsable des torts que vous m'imputez?... n'est-ce pas pour satisfaire aux exigences de votre coquetterie, que je voltige dans tous les magasins à la mode?... est-ce ma faute à moi si toutes ces petites filles ne sont pas insensibles à mes charmes et viennent se jeter à ma tête?

FLORA, bas, au comte.

Ah! ça mais, qu'est-ce que vous dites donc là?

LE COMTE, bas, à Flora.

C'est pour rire.

LA COMTESSE.

Quoi qu'il en soit, monsieur le comte, je vous défends à l'avenir de jamais regarder une femme en ma présence.

LE COMTE.

Mais, chère amie, j'ai des yeux.

LA COMTESSE, avec colère.

Je vous les arracherai, monsieur le comte.

LE COMTE.

C'est plutôt à cette petite qu'il faudrait les arracher.

FLORA.

A moi?

LE COMTE, à Flora.

Ce serait grand dommage sans doute, ils sont si piquans! si malins!...

LA COMTESSE.

Encore!...

LE COMTE, embarrassé entre la crainte de sa femme et son amour pour Flora.

Mais aussi vous en faites, ma chère, un étrange abus. (Il la regarde en lui faisant des signes.)

FLORA, à part.

Qu'est-ce que vous dites donc?

LE COMTE, bas, à Flora.

C'est toujours pour rire. (Haut.) Et, foi de gentilhomme, il faudrait être plus qu'un ange pour résister aux agaceries étudiées de cette provoquante syrène.

FLORA, à part.

Ah! c'est trop fort. (Haut.) Monsieur le comte a raison, madame, vous n'avez pas le moindre reproche à lui faire.

LE COMTE, bas, à Flora.

Merci, bel amour, merci!

FLORA, bas, au comte.

Ne me remerciez pas encore... (Elle prend le carton dans lequel elle a glissé l'écrin et le présente à la comtesse.) Regardez, madame la comtesse, dans ce carton que votre noble époux allait faire porter à votre hôtel; vous y verrez que les merveilles de mon magasin n'étaient pas le seul présent que vous destinait sa tendresse.

LA COMTESSE, prenant l'écrin dans le carton.

En croirai-je mes yeux? un écrin! des diamans!

LE COMTE, à part.

Oh! la petite masque!

FLORA, bas, au comte.

C'est toujours pour rire.

LA COMTESSE.

Pour moi ce riche écrin! (Passant près du comte.) O mon Oscar... embrassez votre Clorinde!...

(Elle l'embrasse et passe à gauche.)

LE COMTE.

Certainement, certainement... je suis enchanté. (A part.) Que le diable l'emporte!

FLORA.

Êtes-vous heureux, monsieur le comte!

LE COMTE, à part.

Ah! tu veux te jouer de moi!

FLORA.

Eh bien! vous ne me remerciez pas?

LE COMTE, à part.

Nous allons voir... (Haut.) Désolé de ne pouvoir répondre à un si aimable procédé... Belle et bonne Flora, pourquoi faut-il que pour tant de bonté, je n'aie à vous annoncer qu'un grand malheur...

LES DEUX DAMES.

Un malheur!

LE COMTE.

Eh! mon Dieu, oui... Aussi cruelle que jolie, vous pouviez, grace à l'indépendance que vous donne la vogue de votre magasin, repousser, dédaigner les plus riches, les plus aimables seigneurs, même vous moquer d'eux, leur jouer les tours les plus piquans... mais maintenant...

FLORA.

Eh bien! quoi, maintenant?

LE COMTE.

Malgré le crédit dont vous jouissez, malgré la protection de vos amis, l'intrigue a triomphé, et une autre a été nommée à votre place fleuriste de la cour. (Il déchire le brevet de fleuriste qu'il a sorti de sa poche, pendant que la comtesse regarde les diamans.)

FLORA.

Ciel!

LA COMTESSE.

Pauvre petite!

LE COMTE, pendant que sa femme regarde les diamans.

Tiens, voilà ton brevet. (Il déchire le brevet.)

FLORA, bas, au comte.

Vous êtes un monstre!

LE COMTE, de même, à Flora.

C'est ce que toutes les femmes me disent.

(Il se mire.)

FLORA, à part.

Me voilà bien, maintenant!... Si ma concurrente l'avait emporté, si je n'étais pas admise aux débuts, je serais ruinée, perdue à jamais... C'est beau la vertu... mais c'est cher.

LE COMTE, bas, à Flora.

Vous me rappellerez, belle indifférente.

FLORA, de même, au comte.

Jamais.

LE COMTE, de même.

Peut-être...

(Il fait un mouvement pour sortir avec la comtesse; — on entend du bruit au dehors.)

SCÈNE X.

LES MÊMES, CHARLES, LES FLEURISTES, LES ACTEURS DE LA COMÉDIE-ITALIENNE.

CHOEUR.

Air nouveau de M. Guénée.

Salut, salut à l'actrice nouvelle!
Son nom chéri nous portera bonheur.
Pour le public un talent se révèle,
Et du théâtre il doit être l'honneur!...

LE COMTE, à part.

Elle actrice, ah! quelle défaite!

FLORA.

Ah! pour moi, que ce jour est doux!...
De bonheur je perdrai la tête!
Parlez, de grace, expliquez-vous!

(Mouvement à l'orchestre, jusqu'à la reprise de l'air.)

CHARLES.

Comment, vous l'ignorez encore!... Apprenez donc que votre audition de ce matin a produit un grand effet : on compte donc sur un succès pyramidal... et le directeur voyant déjà l'argent affluer dans sa caisse, a changé le nom des amoureuses de toutes ses arlequinades... il vous a galamment surnommée Argentine.

TOUS.

Vive Argentine!

CHARLES.

Bien plus... pour donner un éclat inaccoutumé à votre entrée au théâtre, M. le premier gentilhomme a décidé que les comédiens du roi viendraient en députation chercher ici leur nouvelle camarade, et lui remettre son ordre de début!....

(Un acteur de la Comédie-Italienne le lui donne.)

FLORA.

Mon ordre de début!....Oui, mes bonnes amies, voilà le secret de mes absences, de mes voyages... j'étudiais, je travaillais... et demain!... (A elle-même, comme faisant un bon rêve.)

O songe d'or, ô merveille divine!
Qui me promets des jours si beaux,
Dure toujours... et qu'Argentine
Se réveille au bruit des bravos.

ENSEMBLE.

LES FLEURISTES.

Son succès est certain!
Quel honneur pour le magasin!...

LES AUTRES PERSONNAGES.

Ses débuts à demain!
Son succès est certain!...

LE COMTE, à part, parlé sur la ritournelle.

J'étouffe!... heureusement mon cousin est gouverneur de la Bastille!

REPRISE DU CHOEUR.

Salut, salut, etc...

(L'acteur qui a remis l'ordre de début donne la main à Flora qui, après avoir salué ironiquement le comte, se dispose à sortir, au milieu des comédiens.—Les fleuristes se groupent de diverses manières, plusieurs d'elles montent sur des chaises. — Tous crient : *Vive Argentine!* — Le rideau baisse.)

ACTE SECOND.

Un joli salon *Pompadour*, meublé avec richesse. Ornemens et décors du temps. Porte au fond. Portes latérales. Fenêtre à gauche.

SCÈNE I.

LA COMTESSE, ROSE, elles entrent par le fond.

LA COMTESSE.

Oui, petite, j'ai à parler à Mlle Argentine, et je profiterai de la circonstance, pour la féliciter du nouveau succès qu'elle a obtenu hier devant toute la cour... je veux être la première à lui en faire compliment.

ROSE, à part.

Tiens! comme elle est radoucie, la grande dame!...

LA COMTESSE.

Savez-vous que depuis qu'elle est montée sur la scène, la fleuriste obscure est devenue la plus piquante actrice du Théâtre-Italien?

ROSE.

Je sais même qu'hier après la représentation, le roi a voulu la voir, dans sa loge, et que sa majesté lui a fait cadeau d'un magnifique bracelet.

LA COMTESSE.

Est-il possible!...

ROSE.

Le roi l'a lui-même attaché au bras d'Argentine.

LA COMTESSE.

Comment! de ses mains royales?

ROSE, mystérieusement.

On ajoute aussi qu'il a mis un baiser à côté du bracelet.

LA COMTESSE, à part.

On n'a pas trompé Mme la marquise! le roi veut déroger!...

ROSE.

Je dois dire enfin à Mme la comtesse, que l'actrice à la mode a reçu l'invitation de se rendre, ce matin, dans son costume d'Argentine, chez Mme de Pompadour.

LA COMTESSE.

Je le sais... un caprice de la marquise : elle veut faire copier pour elle, dans cette saison où les bals masqués sont en faveur, ce travestissement qui fait fort bon effet aux lumières.

ROSE.

Mme de Pompadour est si prévenante pour sa majesté! voyant qu'Argentine plaisait au roi, elle veut devenir l'innocente Argentine.

LA COMTESSE, avec dignité.

Petite...

ROSE.

Oh! je ne parle que du costume!...

LA COMTESSE.

N'oubliez pas, petite, que j'ai bien voulu pardonner à Mlle Argentine sa légèreté et celle de M. le comte.

ROSE.

Ah! peut-on accuser M. le comte de légèreté!... Je ne sais pas s'il va encore à notre ancien magasin; mais ici, nous ne le voyons plus du tout, du tout.

LA COMTESSE.

Par mes dix-huit quartiers, je le crois bien!

ROSE, à part.

Si elle savait qu'il est venu encore, il y a trois jours!

LA COMTESSE.

Mlle Argentine tardera-t-elle à rentrer?..

ROSE.

Non sans doute, car aujourd'hui elle reçoit.

LA COMTESSE, à part.

Ça reçoit! (Éclats de rire en dehors.) Quel est ce bruit?

ROSE.

Oh! ne faites pas attention, ce sont les invitées au déjeuner de ce matin.

LA COMTESSE, à part.

Une troupe d'histrions, sans doute. (Haut.) Petite, vous direz à Mlle Argentine que je veux bien prendre la peine de revenir... j'ai à lui parler... entendez-vous; petite, n'oubliez pas de m'annoncer. (Appelant.) Zamor, ma chaise.

(Elle sort gravement, en jouant de l'éventail.)

SCÈNE II.

ROSE, seule, l'imitant.

Entendez-vous : « petite... » Pimbêche, va!... mais qu'est-ce qu'elle peut vouloir à Argentine? encore quelque accès de jalousie, je parie... (Bruit de roues en dehors.) Mais quel bruit dans la cour!... (Elle va à la fenêtre.) Oh! le beau carrosse doré du haut en bas, et les laquais aussi!... c'est la livrée du roi! quel honneur pour nous!... Je suis fâchée que la vieille comtesse ne soit plus là, comme elle ferait aller son éventail!...(Entrée de deux domestiques portant de riches cadeaux.) Ah! mon Dieu! que de jolies choses on nous apporte!

(Ritournelle de l'air suivant : les deux portes du fond s'ouvrent, Flora entre. Les domestiques sortent.)

SCÈNE III.

FLORA, ROSE.

(Flora a le costume galant de l'Argentine du Théâtre-Italien.)

FLORA.

Air : Taisez-vous, faquin. (Double échelle.)

Ah! pour mon orgueil
Quel brillant accueil

Pendant ma visite
Chez la favorite !
Comme elle m'aimait
Et me câlinait !
Il fallait entendre
Son langage tendre...
Quel effet ! quel effet !
Mon costume faisait !
Nouvel astre du jour,
J'étais reine à la cour !

A mes côtés plaçant un page ,
La marquise de Pompadour
M'a fait prêter son équipage
Afin d'honorer mon retour ;
Je me carrais à la portière,
Et là, du haut de ma splendeur,
A la foule je daignais faire
Un petit salut protecteur...
Et je la couvrais de poussière
En femme qui sent sa grandeur.

Je voyais trotter à pied quelques unes de mes anciennes pratiques du magasin. Les bonnes langues, comme elles s'en donnaient !... — Tiens , voyez donc la fleuriste en équipage !... elle a fait son chemin la petite !... Ah ! dam ! il venait tant de beaux papillons de cour roder autour de ses fleurs, il y avait du choix... elle en aura pris un dont les ailes étaient dorées... et patati et patata... et allez donc ! ne vous gênez pas , mesdames... Comme elles enragent !... Clic ! clac ! fouette cocher... éclabousse-moi toute cette canaille-là !

REPRISE DU REFRAIN.

Ah ! pour mon orgueil
Quel brillant accueil
Pendant ma visite
Chez la favorite !
Comme elle m'aimait
Et mé câlinait !
Il fallait entendre
Son langage tendre...
Nouvel astre du jour , } bis.
J'étais reine à la cour ! }

ROSE.

C'est donc bien beau, une voiture de la cour ?

FLORA.

Je crois bien... des coussins de velours à festons d'argent et à glands de perles ; partout des glaces encadrées dans des chiffres d'émail , avec des rideaux de fil d'or... les Mille et une Nuits , quoi ! les Mille et une Nuits !

ROSE.

C'est plus doux que les petites voitures de Versailles, n'est-ce pas ?

FLORA.

Oui ; mais c'est moins gai.

ROSE.

Et dire que Mme de Pompadour a trois ou quatre carrosses comme ça.

FLORA.

Ça lui coûte si peu... Personne n'est venu pendant mon absence ?

ROSE.

Mme la comtesse de Courvolles.

FLORA.

Mme la comtesse de Courvolles chez moi ! par quel hasard ?...

ROSE.

Elle désire vous parler, et elle daignera revenir.

FLORA.

Que peut-elle me vouloir ?... Je lui donnerai audience... Et Charles, est-il descendu ?

ROSE.

Trois fois. Il est d'une impatience ! Il assure que vous lui avez promis de répéter ici , tous les deux, avec vos costumes. Mais j'ai suivi vos instructions, je lui ai dit que pour aujourd'hui la porte lui serait rigoureusement fermée. Ah ! si vous aviez vu son inquiétude !

FLORA.

Pauvre garçon !

ROSE.

Et je n'ai eu que le temps de le congédier, car ces demoiselles sont arrivées un moment après.

FLORA.

Comment, elles sont ici ? Il me tarde de les voir, de les embrasser. (Allant à la porte à droite.) Venez, venez toutes !...

SCÈNE IV.

LES MÊMES, SIX JEUNES FLEURISTES.

(Elles sont en toilette ; elles portent de la poudre, et une rose sur le côté gauche de la tête.)

CHOEUR.

(Motif du *Planteur*.)

Accourons à la voix
De la célèbre artiste !
Pour nous c'est la fleuriste,
Bonne comme autrefois.

FLORA.

Pour l'amitié, mon boudoir,
En ce jour, mes belles ,
A vos amans du comptoir
Va vous rendre infidèles...
Pour tous ces amateurs
De fleurs,
Les roses de vos traits
Si frais
Sont les fleurs les plus belles ;
Ces bouquets
Si coquets
Pour eux ont beaucoup d'attraits !
Ces bouquets
Si coquets

Ont beaucoup d'attraits !
Ces bouquets, etc...

CHOEUR.

Ces bouquets
Si coquets
Pour eux ont beaucoup d'attraits ;
Ces bouquets
Si coquets
Ont beaucoup d'attraits.

ENSEMBLE.

Ces bouquets
Ont beaucoup d'attraits !
Ah ! qu'ils ont d'attraits !

FLORA.

Ah ! ces bouquets, etc.

DEUXIÈME COUPLET.

L'amour, qui brûle les cœurs,
  Sait près d'une femme,
Par le langage des fleurs ,
  Aller droit à l'ame.
Parlant pour un amant
  Tremblant,
Leur timide secours
  Toujours
Fait deviner sa flamme !
  Ces bouquets
  Si discrets,
Confidens toujours muets ,
  Ces bouquets
  Si discrets
Ont bien des secrets.
  Ces bouquets, etc.

ENSEMBLE.

CHOEUR.

Ces bouquets
Si discrets
Ont bien des attraits !
Ces bouquets
Ont beaucoup d'attraits !
Ah ! qu'ils ont d'attraits !...

FLORA, qui pendant le chœur a été alternativement de l'une à l'autre.

Mes chères amies, que j'ai donc de plaisir à vous revoir !

TOUTES.

Et nous donc ?...

ROSE.

J'espère que voilà de l'exactitude... il n'en manque pas une.

FLORA.

Je pense toujours à notre magasin, à nos jeux du soir... à nos petits repas si maigres et si joyeux.

ROSE.

Et une fois à l'ouvrage, comme nous travaillions! comme nos doigts étaient agiles, nos mains actives !

FLORA.

Et nos langues aussi.

JENNY.

La maîtresse donnait toujours l'exemple d'abord.

FLORA.

Bien répondu, Jenny... Dis donc, te souviens-tu de ce petit commis aux aides qui, pour donner rendez-vous à Marguerite, mettait son chapeau au bout de sa canne, et l'élevait en dehors, au dessus de nos petits rideaux ?

JENNY.

Certainement.

FLORA.

Oh ! c'était le bon temps !...
    Air : Le Luth galant.
  Qu'est devenu, Jenny, l'abbé de cour
  Qui t'apportait des bonbons chaque jour ?...

JENNY.

Hélas ! il ne vient plus ; j'en ai l'ame chagrine.

FLORA, à une autre.

  Ce vieux qui, tous les jours,
  Ma chère Alexandrine,
Frappait à nos carreaux avec une badine ?

ALEXANDRINE.

Il y frappe toujours...

TOUTES.

Il y frappe toujours.

DEUXIÈME COUPLET.

FLORA, à une autre.

Dis-moi, Nina, ton clerc de procureur
A-t-il encor tes cheveux sur son cœur ?

NINA.

Il les a remplacés par ceux d'une autre belle.

FLORA, à une autre.

  L'objet de tes amours,
  Qui te crut infidèle,
Et qui portait, Jenny... des jabots de dentelle ?

JENNY, gaîment.

Il en porte toujours...

TOUTES, riant.

Il en porte toujours.

FLORA.

Et toi, Jacinthe, te rappelles-tu que tu voulais mourir, quand ce grand officier des gardes a eu l'infamie de se marier !... Je vois avec plaisir que tu existes encore... C'est drôle, les femmes disent aux hommes : Si vous ne m'aimez plus, j'en mourrai... les hommes disent aux femmes : Si vous ne m'aimez plus, je me tuerai... et à la fin, tant tués que blessés, il n'y a personne de mort.

(Elles rient toutes aux éclats.)

ROSE.

Voilà le déjeuner !

TOUTES.

Place, place au déjeuner !

SCÈNE V.

LES MÊMES, CHARLES en costume d'arlequin.

(Deux domestiques sont entrés et ont apporté une table toute servie, sous laquelle Charles se glisse dans
le salon sans être aperçu ; — les domestiques ressor-
tent aussitôt.)

FLORA.

Et, pour que la fête soit complète, nous passe-
rons la journée ensemble ; et, ce soir, je vous em-
mène toutes au spectacle.

TOUTES.

Quel bonheur !

FLORA.

Pour applaudir.

TOUTÉS.

Oui ! oui ! pour m'applaudir... A table !

TOUTES.

A table, à table !

(Flora au milieu, en face du public. — Jenny à un des
coins à gauche ; Rose à l'autre coin à droite ; les
autres fleuristes à gauche et à droite de Flora ;—
Charles, sous la table, au milieu.)

FLORA.

Toutes à volonté, sans façon... comme dans le
bon temps... (Elles se placent.) Seulement, moi au
milieu... Je serai président, et je vous préviens
que je rappelle à l'ordre la première qui ne sera
pas gourmande... ma sonnette sera un verre à vin
de Champagne.

.TOUTÉS.

Comment, il y a du champagne... Ah ! quel
plaisir !

FLORA.

Véritable Aï qui casse un peu la tête... mais qui
chasse la mélancolie, comme le bouchon qu'il
lance au plafond... La séance est ouverte... et d'a-
bord je vais fermer la porte... (Elle se lève et va
fermer la porte.)

CHARLES à part.

(Il soulève doucement la nappe de la table, sous laquelle il a marché pendant que les domestiques l'ap-
portaient. — Son costume est celui d'un arlequin de
la Comédie-Italienne ; de la manière dont il est placé
les fleuristes, qui font cercle derrière lui, ne peu-
vent le voir.)

Oui, va, ferme la porte.

(Il a l'accent de l'arlequin.)

FLORA, revenue à sa place.

Là, maintenant, je défie que personne nous sur-
prenne...

ROSE.

Pas même M. Charles, qui aurait bien pu se per-
mettre...

FLORA.

Pas plus lui qu'un autre... il n'y a pas de préférence... Vous le voyez, chères amies, j'ai tenu parole... pas un seul homme !... un repas entre nous,
un repas de demoiselles !.... Certainement, ces
messieurs sont très aimables, quelquefois... mais

il faut leur prouver qu'on peut aussi se passer
d'eux.

CHARLES, à part.

A table, méchante !... Ah ! cruelle Argentine,
vous faites bien du chagrin à mon cœur et à mon
estomac !

FLORA, versant du champagne.

Eh bien ! mesdemoiselles, vos verres sont vides !

TOUTES.

Oh ! comme il mousse !...

FLORA, versant de nouveau.

Que je suis heureuse... et comme c'est bon, un
jour de liberté !

CHARLES, à part.

C'est bien bon aussi, ce qu'elles boivent là !...
Si je pouvais... (Il cherche à dérober des friandises.)

FLORA.

Voilà pourtant comme nous serions toujours in-
dépendantes... si nous n'étions pas si faibles...
Certainement, je ne vous dirai pas de jurer tout à
fait haine aux hommes... il ne faut pas demander
l'impossible : mais, écoutez mes conseils, ô jeunes
filles, et tâchez de les suivre...

(Pendant les couplets, Charles prend furtivement à
l'une son verre plein, à l'autre des biscuits... et il
boit et mange assis par terre, en faisant mille lazzis.)

AIR : De Trinque fort (d'Amédée de Beauplan).

Si vous pouvez, faites silence...
Je vais parler pour notre indépendance,
Et des fats punir l'arrogance !
Il s'agit de votre bonheur...
Écoutez l'orateur :
Quand un beau céladon soupire
Et fait le joli cœur...
De ses grands hélas ! il faut rire !
S'il gémit, il faut rire encor !
Rire encor, s'il maudit son sort...
S'il pleure, rire encor plus fort !
Lorsque, las de votre rigueur,
Il tente d'agir en vainqueur...
Vite un soufflet au séducteur !
Femmes, la guerre est déclarée...
Que la révolte soit jurée !...
Imitez—moi ! le verre en main...
Sonnez, sonnez avec moi le tocsin !...
(Faisant tinter son verre avec son couteau.)
Tin, tin, tin, tin, tin, tin, tin, tin,
La guerre
A Cythère !
Versons ! versons ! encor ! encor !
Les absens ont tort !

TOUTES LES FLEURISTES, imitant Flora.
Tin, tin, tin, tin, tin, tin, tin, tin,
La guerre
A Cythère ! etc.

ARLEQUIN, à part.

Eh ! tin, tin, tin, tin, tin, tin, tin, tin,
La guerre
A Cythère !

Vraiment, vraiment c'est un peu fort...
Les absens ont tort !...
Mais c'est une conspiration. (Mangeant.) Heureu-
sement que j'en suis.

FLORA, debout.

DEUXIÈME COUPLET.

Femmes, surtout pas de faiblesse,
Rappelez-vous votre promesse !
J'établis un prix de sagesse
Pour le cœur le plus endurci.
    Camarades, ici
En petit comité nous sommes,
    Parmi nous, Dieu merci !
Nous n'avons pas ces vilains hommes.
Loin de leurs regards indiscrets
Nous pouvons faire nos caquets,
Et dire nos petits secrets ;
Dans notre complot courageux,
Comme présidente, je veux
Que vous vous passiez d'amoureux ;
Et je m'engage la première
Au moins... pour la semaine entière.
Imitez-moi ! le verre en main,
Sonnez, sonnez avec moi le tocsin !
(Faisant tinter son verre avec son couteau.)
Tin, tin, tin, tin, tin, tin, tin, tin.
    La guerre
    A Cythère !
Versons ! versons ! encor ! encor !
Les absens ont tort.
TOUTES LES FLEURISTES, imitant Flora.
Tin, tin, tin, tin, tin, tin, tin, tin.
    La guerre
    A Cythère, etc.

JENNY, cherchant à côté d'elle.

Eh bien ! dites donc, mesdemoiselles, quelle est
donc la gourmande qui a pris mon assiette ?

CHARLES, à part.

Oh !

ROSE.

Et moi, mon verre de champagne tout plein ?

CHARLES, se retirant tout-à-fait sous la table.

Oh ! oh !

FLORA.

Eh bien ! et les gâteaux ? (Avec un cri.) Ah ! il
y a quelqu'un sous la table !... (Les fleuristes enlèvent la table. Charles paraît, trempant un biscuit
dans un verre de champagne ; il est à genoux.)

TOUTES.

Voilà notre voleur !
(Des domestiques enlèvent la table.)

FLORA.

Que faisiez-vous là, monsieur ?

CHARLES, à genoux.

Hélas ! je répétais avec le costume, les gestes,
et les accessoires. (Il trempe un biscuit dans son
verre.)

FLORA.

Au fait, mesdemoiselles, il faut que tout le
monde vive.(Toutes les fleuristes entourent Charles.)

FLORA et JENNY, le prenant chacune par une oreille
et le faisant relever.

Mais par où êtes-vous donc entré ?

CHARLES.

Par le trou de la serrure.

TOUTES, riant.

Il est sorcier.

FLORA.

Voilà bien le véritable Arlequin... menteur, voleur et gourmand.

CHARLES.

Et amoureux !

FLORA.

Mon élève, je suis contente de vous.

CHARLES.

Vous croyez donc que je pourrai bientôt débuter ?

FLORA.

Dans huit jours, au plus tard.

CHARLES.

Vrai !... Oh ! quel bonheur ! (Il passe un entre-
chat.)

FLORA.

Ça m'ennuie de répéter avec ce vieux Thomassin ; quand il m'embrasse il a une grosse barbe
grise qui pique... qui pique... C'est gentil, la
barbe ; mais il faut que ça soit noir.

CHARLES.

Je ferai teindre la mienne... quand j'en aurai.

FLORA.

Et puis, savez-vous que Mme de Pompadour
vous protège, qu'elle vous veut beaucoup de bien ?

CHARLES.

Comment ! Mme de Pompadour aurait remarqué
mon joli visage et mes formes élancées ? Eh bien,
elle est charmante, Mme de Pompadour... c'est
une femme très vertueuse.

FLORA.

Elle désire que ce soit un jeune homme qui joue
toujours avec Argentine... Ah ! ça, mais, à propos d'Argentine, j'y pense... il faut vous choisir un
nom de théâtre... Charles ! notre beau Léandre
s'appelle déjà Charles... Il ne peut pas y avoir deux
Charles dans une troupe.

CHARLES.

Si je me faisais appeler Alcindor ?

TOUTES, riant.

Ah ! ah ! ah !

FLORA.

Non, ça ne vaut rien.

CHARLES.

Alonzo ?

TOUTES, riant plus fort.

Ah ! ah ! ah !

FLORA.

Encore plus mauvais.

CHARLES.

Eh bien, soyez ma marraine, donnez-moi un
joli nom.

FLORA.

Oh ! quelle idée !

CHARLES.

Quelle idée ?

FLORA.

Rose... là-bas, sur ma toilette, ce portrait que
Vatteau a dû apporter ce matin...

ROSE, riant.

Quoi ! vous voulez ?...

FLORA.

Fais ce que je te dis. (Rose sort et rapporte le
portrait d'un petit chien carlin, couvert d'un morceau
de serge. — A Charles.) Baissez votre masque...
bien, c'est cela. Ne bougez pas.

AIR : Chantons l'amour.

Quel visage de connaissance
Ce masque noir offre à mes yeux !
Quelle parfaite ressemblance !
Aucun peintre ne ferait mieux.
(Elle découvre le portrait, que Rose et Jenny tiennent à
gauche, en face du public.)
Mon petit chien, je vous assure,
A votre air vif, votre figure...
Prenez son nom, cher Arlequin,
Comme lui nommez-vous Carlin.   (bis.)
Je veux qu'on parle de Carlin.

TOUTES.

Prenez son nom, cher Arlequin,
Comme lui nommez-vous Carlin.

CHARLES.

Oui, belle Argentine, oui, ma jolie marraine,
Carlin sera désormais mon seul nom ; votre chien
et moi, nous irons ensemble, l'un portant l'autre,
au temple de l'immortalité.

FLORA.

Je l'espère bien.

CHARLES.

Maintenant, n'oubliez pas que ce matin, j'attends de vous une leçon, et que nous devons répéter ensemble notre pas des sept Argentines.

FLORA.

Eh bien, mon gentil petit Carlin, je suis à vos
ordres. Ces demoiselles figureront avec nous.

TOUTES LES FLEURISTES.

Oh ! oui, oui ! ça sera amusant ! Voici nos mas-
ques.

CHARLES.

Place au théâtre !

(Les fleuristes prennent chacune leur masque, que
Flora a tirés d'une petite table de fantaisie. L'orchestre prélude ; Charles, après avoir dansé quelques pas avec Argentine, s'aperçoit qu'elle s'est
perdue au milieu de ses rivales : comme elles sont
toutes masquées, il cherche dans sa tête le moyen de
retrouver sa belle ; les Argentines forment un cercle
que Charles parcourt alternativement en passant autour de chacune d'elles : il indique par sa pantomime
que la première est trop petite, la seconde trop jouf-
flue, la troisième trop grande, etc. Enfin il re-
trouve l'Argentine qu'il aime ; il la reconnaît à sa
grace et aux battemens de son cœur ; celle-ci est
placée la dernière à gauche, de façon que, lorsqu'elle
lui a accordé le plaisir de danser encore avec elle,
le cercle qui les regarde n'est en rien dérangé.) *

* Ce joli pas a été réglé par M. Barré, artiste de l'Acadé-
mie royale de musique.

CHOEUR des fleuristes, après plusieurs mesures.

AIR :

Ah ! c'est charmant !
C'est ravissant !
Que son talent
Est séduisant !
(Argentine et Charles exécutent encore une valse vive et
gracieuse ; et sur le motif musical les six fleuristes repren-
nent en chœur sur la fin :)

CHOEUR.

Près d'Argentine
Au jeu si fin,
Comme Arlequin,
Qui la lutine,
A l'air malin !
(Toutes les fleuristes battent des mains en criant « Bravo !
bravo ! » Tout à coup la porte du fond s'ouvre.)

UN DOMESTIQUE, paraissant.

Une lettre de M. David pour mademoiselle Argentine ; c'est très pressé. (Le domestique sort après
avoir remis la lettre.)

FLORA.

Une lettre du régisseur ! Est-ce que le spectacle
serait changé pour ce soir ?

TOUTES.

Ah ! ce serait dommage !

FLORA, lisant.

« Mauvaise nouvelle, ma chère Flora... »

TOUS.

Mauvaise nouvelle !

FLORA, continuant de lire.

« Je ne sais de quel grand personnage ce pauvre
» Charles peut avoir excité la haine ; mais je viens
» d'apprendre que ce matin on avait lancé contre
» lui une lettre de cachet qui sera bientôt entre les
» mains du lieutenant de police. »

TOUTES.

Une lettre de cachet !

CHARLES.

Contre moi !... Je n'y conçois rien !

FLORA, continuant.

« Vous voilà prévenue... commencez par cacher
» le coupable à tous les yeux. »

CHARLES.

Le coupable !... Ah ! ça, est-ce que je serais un
conspirateur sans le savoir ?... Est-ce que j'aurais
chanté en dormant la chanson de Vaugras contre
le Parlement ?

TOUTES.

Nous la chantons bien, nous.

CHARLES, avec exaltation.

Je n'en veux pas de leur lettre de cachet, je la
refuse... ça ne peut pas être pour moi.

AIR : Et voilà comme tout s'arrange.

Cet honorable parchemin
Ne doit pas être à mon adresse :
Embastiller un Arlequin !
Que dirait toute la noblesse ?

C'est une erreur, un malin tour !
Et cette lettre assez fantasque,
Ce noble permis de séjour
Est, j'en suis sûr, pour quelqu'un de la cour...
On se sera trompé de masque.

FLORA, qui est restée pensive en relisant la lettre.

Non, non, c'est bien votre nom, c'est bien vous.

CHARLES.

Diable... je commence à avoir peur !

FLORA.

Charles, on veut nous séparer... On a appris que j'avais un amour dans le cœur, que je le préfère aux grandeurs, aux séductions de la fortune ; on a appris que je voulais vous épouser.

CHARLES.

Mais de qui donc peut venir cette lettre ?

FLORA.

De qui !... N'avez-vous pas remarqué que le comte de Courvolles me poursuit... m'obsède chaque soir dans la coulisse... qu'il y a trois jours encore il a osé se présenter ici ?

CHARLES.

Certainement ! Même que vous avez été assez bonne pour le mettre à la porte.

FLORA.

Eh bien ! c'est lui... ce ne peut être que lui.

CHARLES.

Comment ! vous le croyez capable...

FLORA.

De tout !... Charles, il faut partir.

CHARLES.

Partir quand vous m'aimez !... quand vous voulez m'épouser ! oh ! jamais ! jamais !

FLORA.

Aimez-vous mieux aller à la Bastille ?

CHARLES.

Non... mais la justice ?

FLORA.

Elle est aveugle.

CHARLES.

Mais la police ?

FLORA.

Oh ! par exemple... celle-là, elle a de bons yeux... c'est pour cela qu'il ne faut pas vous faire voir. Partez... partez !

ROSE, qui est remontée près de la croisée.

La voiture de M. le comte de Courvolles entre dans la cour.

FLORA et CHARLES.

Lui !

FLORA, effrayée.

Il est accompagné, sans doute...

CHARLES.

Oh ! la Bastille ! la Bastille !...

FLORA.

J'entends monter... Il ne faut pas qu'il vous trouve... Cachez-vous !

CHARLES.

Je ne demande pas mieux.

FLORA.

Vite, vite... là, dans cette chambre !...

TOUTES.

Oui, oui, venez.

CHARLES.

Comment ! avez toutes ces demoiselles !...

FLORA.

Allez donc !... N'avez-vous pas peur, imbécile ! (Elle ouvre la porte de droite et l'y pousse avec vivacité ; les fleuristes entrent avec lui. A peine la porte du boudoir est-elle refermée que le comte entre par le fond.) Il était temps !

ooooooooooooooooooooooooooooooooooooooooooooooooooooooooooooo

SCÈNE VI.

LE COMTE, FLORA.

(Le comte a une mise très simple : redingote à brandebourgs, chapeau gris à larges bords, bottes molles.)

LE COMTE.

Salut à la rose du théâtre, à l'étoile du parterre !

FLORA.

Ah ! c'est vous, monsieur le comte... qu'il y a donc long-temps que je n'ai eu l'honneur de vous voir !

LE COMTE.

Trois jours, syrène, pas davantage... Il y a juste trois jours que tu m'as mis à la porte.

FLORA.

A la porte, monseigneur ! vous qu'on recherche à la ville, qu'on s'arrache à la cour... j'aurais osé...

LE COMTE, à part.

Quel changement ! elle sait tout !

FLORA.

Vous êtes dans l'erreur.

LE COMTE.

Du tout, du tout ; tu m'as parbleu bien mis à la porte !

FLORA.

Dam ! écoutez-donc, aussi... vous étiez si pressant... si séduisant !

LE COMTE.

Le fait est qu'on a des manières, un visage... (Cherchant dans ses poches.) J'ai oublié mon petit miroir... quel contretemps !... Mais plus je te regarde, ce costume d'Argentine ; il paraît, friponne, que nous venons de répéter avec notre futur arlequin ?

FLORA.

Il faut être bonne camarade.

LE COMTE.

Certainement, certainement... Il est bien heureux, monsieur Arlequin, de répéter avec toi... tu es si gentille comme cela !

FLORA.

Mais vous, monsieur le comte, quel costume prenez-vous donc pour me rendre une visite ?

LE COMTE.

Costume d'incognito... le roi en porte un tout pareil quand il va en bonne fortune... et comme j'ai la prétention de ressembler un peu à sa majesté, j'ai voulu me compléter. (Cherchant.) Diable de petit miroir !

FLORA.

Vieux pantin ! va !

LE COMTE.

Mais qu'as-tu donc... tu ne me parais pas aussi gaie qu'à l'ordinaire ?

FLORA.

J'ai bien du chagrin, allez, monseigneur.

LE COMTE.

Pas possible !

FLORA.

On veut persécuter quelqu'un qui m'est bien cher.

LE COMTE, à part.

Ah ! nous y voilà. (Haut.) Conte-moi tes peines, petite ; conte-moi tes peines.

FLORA.

Vous le savez... la fleuriste dans son magasin, l'actrice au théâtre, a eu la force de résister à des grands seigneurs... bien dangereux... bien aimables.

LE COMTE.

Mon miroir me l'a dit plus d'une fois. (Il cherche dans sa poche.)

FLORA.

Mon cœur était libre... il ne voulait pas se vendre... mais un jour...

LE COMTE.

Eh bien, un jour...

FLORA.

Un jour, il s'est donné.

LE COMTE.

Et comment ?

FLORA.

Dam ! comme ça se donne... sans le vouloir... sans y songer... En passant devant mon magasin, un jeune homme reçoit une blessure... il a besoin de secours... je le fais entrer chez moi... et voilà ; monseigneur, voilà comme ça s'est fait.

LE COMTE.

Eh ! mais, c'est une histoire bien touchante, bien sentimentale... J'en suis vraiment tout attendri.

FLORA.

Malheureusement, il a un rival... un grand seigneur... et vous ne vous douteriez jamais du moyen qu'il a employé pour nous séparer ?

LE COMTE.

Non.

FLORA.

Eh bien, ce grand seigneur n'a pas craint d'abuser de son crédit pour obtenir une lettre de cachet.

LE COMTE.

Et tu comptes sur moi pour empêcher ton fidèle tourtereau d'être mis en cage ?

FLORA.

Oui, monseigneur.

LE COMTE.

C'est difficile.

FLORA.

Mon pauvre Charles est si gentil !

LE COMTE, à part.

Si gentil ! (Haut.) Sais-tu bien que ce grand seigneur s'est vengé tout-à-fait en gentilhomme.

FLORA.

Vous trouvez ?

LE COMTE.

Comment, il serait permis à un maroufle sans nom, sans physique, de marcher sur nos brisées, et on n'aurait pas le droit d'envoyer ce drôle-là pourrir à la Bastille... Mais alors il n'y aurait plus de justice en France.

FLORA, à part.

Oh ! que j'ai bien fait de le cacher.

LE COMTE.

Heureusement, les lettres de cachet sont la providence des aimables roués de la cour... et celle dont tu parles aura, par la sambleu, son plein et entier effet. (Il montre un papier.)

FLORA.

Ah ! c'était donc vous ?

LE COMTE.

Oui, mon adorable... ce jaloux barbare, ce tigre, ce tyran impitoyable... c'était moi... N'est-ce pas, que le tour est bon ? (Il rit.) Ah ! ah ! ah ! ah !

FLORA.

Et vous disiez que vous m'aimiez !

LE COMTE.

Certainement, que je t'aime... mais je ne l'aime pas... lui !

FLORA.

Monseigneur, je vous en supplie, déchirez cette lettre de cachet.

LE COMTE.

Un mot de toi, ma divine, et c'est fait... (Tendrement.) Veux-tu ?

FLORA.

Eh bien, non, je ne veux pas.

LE COMTE.

Alors, ton amant sera mis à la Bastille.

FLORA.

Allez, monseigneur, c'est infâme, c'est abominable, c'est affreux, ce que vous faites là !

LE COMTE.

Je le sais bien, que c'est affreux.

FLORA.

J'en pleure de rage... de colère... (Elle frappe du pied.) Et si j'allais trouver votre femme... si je lui disais tout ?

LE COMTE.

Elle ne te croirait pas. Depuis les diamans... tu sais, les diamans... ce tour que tu m'as joué... elle me regarde comme le modèle des maris... Et puis, elle est à Lucienne, chez Mme de Pompadour.

FLORA.

Eh bien, c'est ce qui vous trompe... Elle est à Paris.. elle est même venue ce matin chez moi... elle doit revenir, je l'attends.

LE COMTE.

Tu l'attends !

FLORA.

Et dans un instant... peut-être...

UN DOMESTIQUE, annonçant.

Mme la comtesse de Courvolles.

LE COMTE.

Ma femme! ma tête de Méduse !

FLORA, au domestique.

Dites à madame la comtesse que je serai charmée de la recevoir. (Le domestique sort.)

LE COMTE.

Mais c'est un guet-apens! c'est affreux ! (Flora remonte la scène.)

SCÈNE VII.

FLORA, LE COMTE, LA COMTESSE.

FLORA.

Quel honneur pour moi, madame la comtesse...

LE COMTE, à part, regardant sur la table à gauche.

Ah ! ce masque. (Il le met.)

LA COMTESSE.

Je suis déjà venue ce matin, et j'avais hâte de vous rencontrer. (Elle descend vivement la scène et vient s'asseoir, sans avoir vu le comte qui se tient en arrière.)

FLORA.

Vous ne sauriez croire, madame, combien tout le monde ici est heureux de votre visite. (Elle regarde le comte. A part.) Il s'est masqué ! (La comtesse joue de l'éventail, et semble se recueillir.)

LE COMTE, à part.

Si je pouvais m'éclipser ! (Il fait un mouvement pour sortir; mais Flora a été vivement fermer la porte.)

FLORA, au comte, bas.

Vous êtes mon prisonnier... à mon tour, je vous mets à la bastille.

LE COMTE, à part.

J'éprouve l'émotion du lièvre devant le chasseur.

LA COMTESSE, jouant de l'éventail, et sans tourner la tête.

Mademoiselle, vous me voyez ici pour une affaire bien grave. Je suis ambassadrice... je suis l'envoyée d'une puissance.

FLORA, prenant un fauteuil, et s'asseyant auprès de la comtesse.

Eh bien ! traitons de puissance à puissance.

LE COMTE, à part.

Elle est sans gêne, la petite.

LA COMTESSE, reculant son fauteuil, tandis que Flora avance le sien.

Je pourrais employer tous les détours de la diplomatie ; mais nous ne sommes pas ici à la cour, nous ne foulons pas les tapis de Versailles ou de Trianon.

FLORA.

Vous avez raison, on ne fait pas de façons entre gens comme nous.

LA COMTESSE, à part.

Impertinente ! (Elle recule de nouveau son fauteuil. Flora avance le sien.) J'arrive donc au fait.

FLORA.

Je vous écoute.

LE COMTE, à part.

Écoutons aussi.

LA COMTESSE.

J'ai à vous faire part d'un projet arrêté par Mme la marquise de Pompadour, ma noble parente... d'un projet qui doit assurer votre bonheur.

FLORA.

Mon bonheur...

LE COMTE, à part.

Son bonheur...

LA COMTESSE, en jouant avec son éventail.

Les succès de théâtre ne sont souvent qu'une vaine fumée... On possède une espèce de gentillesse qui se perd dans la foule... Une rivale arrive dont le talent vous éclipse et vous fait oublier... alors la déception, les regrets... Vous avez su éveiller la sollicitude de Mme la marquise de Pompadour, votre avenir sera plus heureux, car il est assuré...

FLORA.

Que veut-elle donc faire pour moi ?

LA COMTESSE.

Ce qu'elle veut ? elle veut vous marier.

FLORA.

Me marier !

LE COMTE, à part, mais un peu haut.

La marier !

LA COMTESSE, se levant.

Que vois-je ? quelqu'un ici !

LE COMTE, à part.

Elle m'a aperçu !

FLORA.

Oh ! ne craignez rien, madame la comtesse... c'est quelqu'un de la cour.

LA COMTESSE, à part.

Quelqu'un de la cour... masqué !... chez elle !... ce costume d'incognito... ce masque de velours... cette tournure royale !... si c'était... oh ! oui... plus de doute !... c'est lui !... Ah ! pauvre marquise.

FLORA, bas au comte.

Donnez-moi cette lettre de cachet, ou votre masque sera transparent.

LE COMTE, bas à Flora.

Silence, je t'en prie.

LA COMTESSE, à part.

Il m'a écoutée, je suis perdue. (Elle fait une grande révérence à son mari, qu'elle prend pour le roi.)

LE COMTE, à part.

Qu'a-t-elle donc à me saluer?

FLORA, à part.

Est-ce qu'elle devient folle, la vieille comtesse? (Haut.) Eh bien! vous voilà muette, madame? ne veniez-vous pas me proposer un mariage de la part de Mme de Pompadour?

LA COMTESSE.

Un mariage! oui, oui... c'est-à-dire non, croyez bien qu'il n'entrait pas dans les intentions de Mme de Pompadour, ni dans les miennes... (A part.) Mon Dieu, comme sa majesté me regarde!

(Deuxième révérence.)

FLORA, à part.

Décidément la tête n'y est plus.

LE COMTE, bas à Flora.

Laisse-moi partir.

FLORA, de même.

Non... je vous tiens et je vous garde.

LE COMTE, à part.

Oh! la petite masque!

(Il fait un geste d'impatience.)

LA COMTESSE, à part.

Ah! mon Dieu, il frappe du pied...

(Troisième révérence, en passant près du comte.)

LE COMTE, à part.

Bon! elle me salue encore.

LA COMTESSE, bas à Flora.

J'ai tout deviné, mon bel ange! (Haut.) Je ne conçois vraiment pas où on avait la tête de vouloir vous marier, vous qu'attendent la fortune et la gloire... vous si séduisante, si spirituelle... vous si digne des plus augustes hommages... (Bas à Flora.) Sa majesté doit être dans le ravissement.

FLORA, à part.

Sa majesté!... ah! voilà l'explication des révérences! et je comprends maintenant pourquoi la marquise de Pompadour voulait me marier.

LA COMTESSE, à part, regardant le comte qui va et vient.

Comme le roi est agité!...

FLORA, bas au comte.

Eh bien! monseigneur, êtes-vous décidé?... Cette lettre de cachet, et je vous ouvre les portes...

LE COMTE, bas à Flora.

Eh bien! je te la promets...

FLORA, montrant la clé.

Donnant, donnant... décidez-vous, monseigneur, la langue me démange... Vous ne dites rien?... je vais parler... Madame la comt...

(Le comte lui donne la lettre de cachet.)

FLORA, bas.

Vous êtes le meilleur des hommes.

LE COMTE, bas.

Et toi, la plus méchante des femmes.

LA COMTESSE, à part.

Respectons son incognito... et retirons-nous.

(Nouvelle révérence.)

LE COMTE, à part.

Encore! ah! ça, mais, pour qui me prend-elle donc?

FLORA, à l'oreille du comte.

Pour qui? pour le roi.

LE COMTE, à part.

Pour le roi... ah! c'est parfait...

(Il fait à la comtesse, qui va pour sortir, un signe impératif de rester. Il s'arrête sur le pas de la porte, fait un salut de la main à la comtesse, qui lui fait une profonde révérence, et un autre salut à Flora, qui, à l'imitation de la comtesse, lui fait aussi une grande révérence, et il disparaît.)

SCÈNE VIII.

FLORA, LA COMTESSE.

LA COMTESSE.

Je crois qu'en sortant sa majesté m'a fait un geste de bienveillance... (Avec flatterie.) Et vous, belle Argentine, nouvel astre de la cour, j'espère que vous ne me garderez pas rancune d'avoir voulu vous donner un mari.

FLORA.

Je vous en veux d'autant moins que, sans votre permission, madame, je m'en étais déjà donné un moi-même.

LA COMTESSE.

Que veut-elle dire?

SCÈNE IX.

LES MÊMES, CHARLES, ROSE, LES FLEURISTES.

FLORA, allant ouvrir la porte du boudoir.

Charles! venez, venez, il n'y a plus de danger.

LA COMTESSE.

Qu'est-ce que cela?

FLORA.

Mon mari avec tous mes témoins.

LA COMTESSE.

Un arlequin!

CHARLES, l'embrassant.

Mon Argentine... De là, j'ai tout entendu.

FLORA.

Curieux!... (A la comtesse.) J'espère, Madame, que la marquise de Pompadour ne sera plus jalouse de moi; vous allez la revoir, veuillez lui rapporter les paroles d'Argentine: « Nous sommes toutes » deux actrices; nous avons chacune notre théâtre, » chacune nos rôles; mais je suis bonne camarade, » je ne veux pas lui enlever son emploi. »

FLORA.

(Air du Planteur.)

Si le vain fracas des cours
    Ne me tente guère,

AU PUBLIC.

Comme fleuriste, toujours
    J'aime mon parterre :

Lui seul est mon soutien
Mon bien,
Et remplit de bonheur
Mon cœur ;
Lorsque j'ai su lui plaire,
Des bravos bien complets
Du parterr' sont les bouquets.
Ces bouquets
Pleins d'attraits,
Messieurs, donnez-les.

CHOEUR.

Des bravos
Bien complets

Du parterr' sont les bouquets.
Ces bouquets
Pleins d'attraits,
Messieurs, donnez-les.

FLORA.

Ah ! ces bouquets, etc.

LES FLEURISTES.

Ces bouquets
Ont beaucoup d'attraits,
Ah ! qu'ils ont d'attraits.

FIN D'ARGENTINE.

Note pour MM. les Directeurs de province.

A la scène de la danse, on peut mettre à la place du pas qui est indiqué, une allemande exécutée par Carlin et Argentine et à laquelle les fleuristes prendront une part plus ou moins active, suivant les facilités de la troupe.

Imprimerie de BOULÉ et Cᵉ, rue Coq-Héron, 3.

in-8, impr. sur très beau pap. br. satiné. Ancien prix 35 fr. **7 fr.**

HISTOIRE des chevaliers de Malte, par Vertot, 7 gros vol. in-12 de 5 à 600 pages. **5 fr.**

HISTOIRE de Turenne, contenant les mémoires et correspondances écrits par lui, et publiés par Ramsay. 4 forts vol. in-12, et atlas de 13 grandes planches. Au lieu de 24 fr. **3 fr.**

Cet ouvrage, qui renferme une foule de mémoires, de lettres et de pièces intimes et originales, aurait dû trouver place dans la collection des *Mémoires relatifs à l'histoire de France.* Il est impossible d'allier, plus que ne l'a fait l'auteur, l'intérêt à l'exactitude historique.

ICONES Plantarum Syriæ rariorum, descriptionibus et observationibus illustratæ, auctore *La Billardière.* 50 *pl. Parisiis,* 1791 à 1812. 1 vol. in-4 br. Au lieu de 25 fr. **8 fr.**

LEÇONS de littérature allemande, par Noël et Stoeber, trad. par De Rome, 2 forts vol. in-8 de 1300 pages petit-romain. **4 fr.**

Nous connaissons bien mal et bien peu en France la littérature allemande. Les noms de trois ou quatre auteurs de cette nation sont seulement venus jusqu'à nous, et cependant sa littérature est une des plus riches, des plus variées. L'ouvrage que nous annonçons, et qui renferme des morceaux choisis d'une foule considérable d'écrivains célèbres en Allemagne, est indispensable tout à la fois à qui désire sortir de cette ignorance commune, et à qui recherche une attachante lecture.

LIGUE des nobles et des prêtres contre les peuples et les rois. 2 vol. in-8. **3 fr.**

Cet ouvrage curieux, où les faits historiques sont rassemblés avec exactitude et présentés d'une manière piquante, avait été jugé digne des persécutions de la défunte censure, qui en a obstinément défendu l'annonce. La lutte de l'aristocratie contre les intérêts nationaux y répand un puissant intérêt.

MÉMOIRES sur l'impératrice Joséphine, ses contemporains, la cour de Navarre et la Malmaison ; 2e édition, 3 vol. in-8 br. satinés, couv. imp. Au lieu de 22 fr. **7 fr.**

Ces mémoires, tout à la fois historiques et intimes, sur un des personnages du Directoire, de l'Empire, dont le nom réveille les plus doux souvenirs, sont du petit nombre de ceux que l'histoire conservera. Cet ouvrage peut être considéré comme faisant le complément des *Mémoires de M*me *la duchesse d'Abrantès,* et convient au même genre de lecteurs.

INSTRUMENS (les) aratoires d'agriculture, français et étrangers ou inventés par Boitard, ex-rédacteur principal de la société d'agronomie de Paris, etc. Beau vol. in-8, grand raisin, orné de 105 pl., plus de 1000 sujets bien gravés. **5 fr.**

LOIS de Platon, par Grou. 2 vol. in-8° grand papier. Portrait. 3 fr. — *Idem,* in-12. **2 fr.**

MÉMOIRES de Constant, valet de chambre de Napoléon. 6 vol. in-8. Au lieu de 42 fr. **12 fr.**

MÉMORIAL pratique du Chimiste, Manufacturier ; trad. de l'anglais de Mackensie sur la troisième édition. 3 vol. in-8, fig. **3 fr.**

Ce livre est à la portée de tout le monde.

NOUVELLES leçons de littérature et de morale, pour faire suite à Noël et Laplace, par Berryat Saint-Prix. *Adopté par l'Université.* 2 forts vol. in-8. **9 fr.**

NOVÆ Hollandiæ Plantarum specimen, auctore *La Billardière. Parisiis,* 1804 à 1806. 2 vol. grand in-4, br., ornés de 265 planches. Au lieu de 265 fr. **30 fr.**

SERTUM Austro-Caledonicum, auctore La Billardière. 80 *pl. Parisiis,* 1824 à 1825, 2 parties, gr. in-4, br. **12 fr.**

OEUVRES complètes de L.-B. PICARD, de l'Institut. 11 vol. in-8, beau portrait, imprimé par Didot sur beau papier. **40 fr.**

Le tome 11e du théâtre républicain se vend séparément.

OEuvres de PIGAULT-LEBRUN, 30 forts vol. in-8, y compris *le Citateur* et le *Voyage dans le midi de la France,* imprimé sur beau papier, par Didot. Beau portrait. Ancien prix, 160 fr. **75 fr.**

Chaque volume contient 4 volumes in-12.

OEuvres de PIRON, 7 vol. in-8, belle édition.

Notes de Rigoley de Juvigny, beau portrait. Paris, 1776. **12 fr.**

OEuvres de WINCKELMANN, contenant l'histoire de l'art chez les anciens. Remarques sur l'Architecture ; Lettres sur les Découvertes faites à Herculanum, et Recueil sur les Arts. 6 vol. in-8, ornés de 27 gravures. **12 fr.**

Les trois derniers volumes se vendent séparément.

OEuvres de VOLTAIRE, dites des honnêtes gens. 40 forts vol. in-12, brochés. Neuchâtel, 1773. **20 fr.**

OEuvres complètes de BOURDALOUE. 15 forts vol. in-12. Paris, 1716. **12 fr.**

PROMENADE de Dieppe aux montagnes d'Ecosse, par Charles Nodier ; 1 joli vol. in-12, fig. enluminées, et cartes d'Ecosse, par Decailleux. **2 fr.**

RECHERCHES sur les costumes, les mœurs, les usages religieux, civils et militaires des anciens peuples, par Maillot et P. Martin, 6 vol. in-4, y compris 3 vol. d'atlas de 288 planches. Impr. par Didot aîné, 1804. **30 fr.**

RECUEIL de monumens antiques, inédits, avec une Dissertation de l'ancienne Gaule, par Grivaud de la Vincelle, 3 vol. in-4, dont un atlas de 40 planches, contenant plus de 400 sujets bien gravés, pour faire suite aux ouvrages de la Sauvagère, Millin et autres. Papier vélin. **36 fr.**

—*Idem,* demi-reliure en un fort vol., dos de maroquin, et l'atlas colorié ou peint avec le plus grand soin, pap. vélin. **50 fr.**

THÉORIE des sentimens moraux, ou Essai analytique sur les principes des jugemens que portent naturellement les hommes, par Adam Smith, traduit de l'anglais sur la 7e édition, par Mme Grouchy, marquise de Condorcet ; deux forts vol. in-8. Paris, Barrois aîné, 1831 ; 2e édit., corrigée et augmentée. **3 fr.**

Avant la réimpression de ce livre il se vendait 20 fr.

THÉORIE de la coupe des pierres, par Frezier ; 4 vol. in-4, dont un de 114 planches. Au lieu de 75 fr. **15 fr.**

Il n'est pas besoin de faire ressortir l'utilité d'un ouvrage que l'élévation de son prix empêchait seule de devenir le Manuel des architectes et des ouvriers qui travaillent la pierre.

TRAITÉ de la législation des théâtres, ou Exposé complet et méthodique des lois et de la jurisprudence qui ont rapport aux théâtres, etc., par MM. Vivien et Edmond Blanc ; 1 vol. in-8 de 500 pages. Au lieu de 7 fr. **3 fr.**

VIES des peintres flamands, allemands, et hollandais, par Decamps, ornés de 168 portraits du célèbre Fiquet, bonne édition. 1753. 5 vol. in-8, y compris le voyage de la Flandre et du Brabant, avec des notes de Robn et l'itinéraire des coches d'eau, bateaux à vapeur et chemins de fer. **40 fr.**

VOYAGE le), tome 5, se vend séparément 5 fr.

VOYAGE en Italie, par Delalande ; 9 forts vol. in-12 de 600 pages chacun, et un atlas de 30 planches ; 2e édition. Paris. **9 fr.**

VOYAGE chez les Birmans, dans l'Inde et dans la Chine, ou testament de l'Usurpateur d'Alompra, 3 vol. in-8. **9 fr.**

VOYAGE dans le midi de la France, par Millin. 5 très forts vol. in-8, et un bel atlas de 80 planches, imprim. impériale. **25 fr.**

— *Le même,* papier vélin. Quelques figures coloriées. **35 fr.**

VOYAGES PREMIER ET SECOND dans l'intérieur de l'Afrique par le cap de Bonne-Espérance, par F. Levaillant. 5 vol. in-8 et atlas de 43 planches. Au lieu de 48 fr. **15 fr.**

On vend séparément le deuxième Voyage. 2 vol. in-8, atlas de 23 planches, y compris la belle et grande carte d'Afrique. 9 fr.
La carte séparément, au lieu de 6 fr. 3 fr.

VOYAGE pittoresque à Naples et en Sicile, par Saint-Non, 4 vol. in-8 de texte et un atlas contenant 558 planches bien gravées, 2 vol. in-fol., cartonné à la Bradel, dos en percaline. **130 fr.**

FRANCE DRAMATIQUE.

PIÈCES EN VENTE :

La Seconde Année.
L'Ecole des Vieillards.
L'ours et le Pacha.
Le Camarade de lit.
Le Mari et l'Amant.
Les Malheurs d'un Amant heureux.
Henri III et sa cour.
Un Duel sous le cardinal de Richelieu.
Calas, de Ducange.
Michel et Christine.
Le Mariage de raison.
L'Homme au Masque de fer.
La Jeune Femme colère.
L'Incendiaire.
La Vieille.
Le Jeune Mari.
La Demoiselle à marier.
Les Vêpres Siciliennes.
Le Budget d'un jeune ménage.
L'Auberge des Adrets.
Philippe.
La Dame Blanche.
Toujours.
Dix ans de la vie d'une femme.
Le Lorgnon.
Bertrand et Raton.
Une Faute.
Le ci-devant jeune homme.
Marie Mignot.
Pourquoi ?
Richard D'Arlington.
La Chanoinesse.
Les Comédiens.
L'Héritière.
Léontine.
Le Gardien.
Dominique.
Le Philtre Champenois.
Le Chevreuil.
Le Charlatanisme.
Vert-Vert.
Brueis et Palaprat.
Une Fête de Néron.
Le Mariage extravagant.
Le Paysan perverti.
Pinto, en 5 actes.
La Carte à payer.
Le Mari de ma femme.
Les vieux Péchés.
Luxe et Indigence.
Zoé.
Louis XI.
Ninon chez madame de Sévigné.
Robin des Bois.
Marius.
Marie Stuart.
Les Rivaux d'eux-mêmes
La famille Glinet.
Les Héritiers.
Jeanne d'Arc.
Les Maris sans femmes.
L'Assemblée de famille.
Mémoires d'un colonel de Hussards.
Le Paria.
Les Deux Maris.
Le Médisant.
La Passion secrète.
Rabelais.
Les Deux Gendres
Estelle.
Trente Ans.
Le Pré-aux-Clercs.
La Poupée.
La Tour de Nesle.

Changement d'uniforme.
Une Présentation.
Madame Gibou et Madame Pochet.
Est-ce un rêve.
Fra Diavolo.
Robert-le-Diable.
Le Duel et le Déjeuné.
Zampa.
Avant, Pendant et Après.
Les Projets de mariage.
Un premier Amour.
Napoléon, ou Schœnbrunn et Ste-Hélène.
La Courte-Paille.
Le Hussard de Felsheim.
1760, ou les trois chapeaux.
Rigoletti.
Robert Macaire.
Frédegonde et Brunehaut
Gustave III.
Elle est folle.
L'Abbé de l'Epée.
Un Fils.
Infortunes de M. Jovial.
M. Jovial.
Victorine.
Catherine, ou la croix d'or
La Belle-mère et le gendre
Heur et Malheur.
Il y a Seize ans.
L'Héroïne de Montpellier
C'est encore du Bonheur.
La Mère au bal, et la Fille à la maison.
Jean.
Les Etourdis.
Valérie.
Faublas.
Picaros et Diégo.
La Démence de Charles VI.
Une Heure de Mariage.
Madame du Barry.
Le Chiffonnier.
Le Marquis de Brunoy.
Le Voyage à Dieppe.
Les Anglaises pour rire.
La Fille d'honneur.
Un Moment d'imprudence
Le Dîner de Madelon.
Les Deux Ménages.
Le Bénéficiaire.
Les Malheurs d'un joli Garçon.
Robert, chef de Brigands.
Michel Perrin.
Une Journée à Versailles.
Le Barbier de Séville.
Les Cuisinières.
Le nouveau Pourceaugnac.
Marie.
Le Secrétaire et le Cuisinier.
Clotilde.
Le Bourgmestre de Saardam.
Le Roman.
Le Coin de rue, ou le Rempailleur de chaises
Le Célibataire et l'homme marié.
La Maison en loterie.
Les Deux Anglais.
Le Mariage impossible.
La Ferme de Bondi.
Werther.
La Prison d'Edimbourg.
La première Affaire.
Famille de l'apothicaire.

Don Juan d'Autriche.
L'Enfant trouvé.
Le Poltron.
Le Facteur.
Misantropie et Repentir.
Le Châlet.
Perrinet Leclerc.
Moiroud et Compagnie.
Agamemnon.
Chacun de son côté.
Le Vagabond.
Thérèse.
Sans Tambour ni Trompette.
Marino Faliero.
Fanchon la Vielleuse.
Prosper et Vincent.
Glenarvon.
Le Conteur.
Le Caleb de Walter-Scott.
La Dame de Laval.
Carlin à Rome.
Les Deux Philibert.
Les Couturières.
Couvent de Tonnington.
Le Landaw.
Une famille au temps de Luther.
Les Poletais.
Honorine.
Angeline.
La Princesse Aurélie.
Les Petites Danaïdes.
Sophie Arnould.
Un mari charmant.
Les deux Frères.
Madame Lavalette.
La Pie voleuse.
La Famille improvisée.
Les Frères à l'épreuve.
Le marquis de Carabas.
La Belle Ecaillère.
Les Deux Jaloux.
La Laitière de Montfermeil.
Les Bonnes d'Enfans.
Farruck le Maure.
Monsieur Sans-Gêne.
Madame de Sévigné.
M. Chapolard.
La Camargo.
Préville et Taconnet.
Le Bourru bienfaisant.
La Fille de Dominique.
Le Philosophe sans le savoir.
Rossignol.
Deux vieux Garçons.
La jeunesse du duc de Richelieu.
Le Père de la Débutante.
L'Avoué et le Normand.
La Juive.
Un Page du Régent.
Les Indépendants.
Les Huguenots.
Mal noté dans le quartier.
L'Idiote, dr. en 4 actes.
Suzette.
Guillaume Colmann, dr. en 5 actes.
Les Deux Edmond.
Le Serment de Collége.
La Vie de Garçon.
La Camaraderie.
Le Commis-Voyageur.
La Liste de mes Maitresses.
Alix, ou les Deux mères.
99 Moutons et un Champenois.

Harnali, *parodie.*
Un Ange au 6e étage.
Frascati, vaud. en 3 act.
La Cocarde tricolore.
La Muette de Portici.
La Foire Saint-Laurent.
Clermont.
Le Picpiou, v. en 3 act.
Le Perruquier de la Régence.
Le Chevalier du Temple
Le Mariage d'argent.
Le Camp des Croisés avec préface de *Lettre de V. Hugo* à l'auteur.
Mademoiselle d'Aloigni.
Une vision, ou le Sculpteur.
Le Bourgeois de Gand.
Le Pauvre Idiot, d 5 act.
Louise de Lignerolles, drame en 3 actes.
L'Homme de soixante ans Marguerite.
La Belle-Sœur.
Céline la Créole, ou l'opinion, dr. en 3 actes.
Mlle Bernard, ou l'autorité paternelle.
Précepteur à vingt ans.
Madame Grégoire.
La Cachucha.
Samuel le marchand, dr. en 5 actes.
Guillaume Tell, op. 4 a.
Henri Hamelin, dr. 3 act.
Un testament de dragon.
Le Ménestrel, com. 3 a.
Les Bayadères de Pithiviers, vaud. en 3 tab.
Peau d'âne, en 3 a.
L'ouverture de la Chasse.
La Vie de Château.
L'Obstacle imprévu.
Richard Savage, dr. 3 a.
Le Grand-Papa Guérin.
Le Général et le Jésuite, drame en 5 actes.
La Boulangère a des écus.
Don Sébastien de Portugal, trag. en 5 actes.
C'est Monsieur qui paie.
Mademoiselle Clairon.
Ruy-Brac, parodie de Ruy-Blas.
Une Position délicate.
Randal, dr. en 5 actes.
L'Enfant de Giberne.
Sept Heures.
Un bal de Grisettes.
Candinot, Roi de Rouen.
Françoise et Francesca.
La Mantille.
Les Trois Gobe-mouches.
Le Postillon franc-comtois.
Mademoiselle Nichon.
Dagobert.
Les Maris Vengés.
Une Sainte-Hubert.
La Fille d'un Voleur.
Les Serments.
Le Planteur.
Jaspin, com.-vaud.
Le Père Pascal.
Nanon, Ninon et Mantenon.
Phœbus.
Camarades du ministre.
Vingt-six ans.
La Canaille.
L'Eclair.

L'intérieur des Comites Révolutionnaires.
La Laitière de la Forêt.
Bobêche et Galimafré.
La Femme Jalouse.
Le Panier Fleuri.
Le Protégé.
Le Diamant.
Les Treize.
Le Naufrage de la Méduse
L'Eau Merveilleuse.
Geneviève la Blonde.
Industriels et Industrieux
Le Pied de mouton.
La Grande Dame.
Passé Minuit.
Le Susceptible.
Le Pacte de Famine.
Le Tribut des Cent-Vierges.
Isabelle de Montréal.
Une Visite Nocturne.
Madame de Brienne.
Les Brodequins de Lise.

Valentine.
La Bourbonnaise.
Mlle Desgarcins.
Un Ménage parisien.
Passé midi.
Les Trois quartiers.
La Nuit du Meurtre, 5 a.
La Fiancée.
Les Ouvriers.
Un jeune homme charmant.
L'Elève de Saumur.
Carte blanche.
Chantre et Choriste.
La Fille du musicien.
La Rose jaune.
Les Chansons de Béranger.
Le Shérif.
Eustache.
Argentine.
Les Filles de l'Enfer.
César, ou le Chien du château.
L'Amour.

IMPRIMERIE DE BOULÉ ET Cie, RUE COQ-HÉRON, 3.